Rolf Müller · Hamburg heute und gestern

Rolf Müller
Hamburg heute und gestern
Bilder vom Werden einer Weltstadt

2. Auflage 1984 · ISBN 3-920953-19-3

Die Hamburgensien auf den Seiten 101, 133 und 137 stellte freundlicherweise das Staatsarchiv Hamburg zur Verfügung. Alle anderen Hamburgensien stammen aus der Sammlung Rolf Müller.

Die Fotos lieferten: Alstercolor, Hamburg, Seite 20, 60, 78, 84, 116, 140, 172, 180. Otto Bender, Hamburg, Seite 4/5, 10, 12, 22, 24, 26, 34, 36, 38, 40, 42, 48, 50, 56, 58, 62, 68, 72, 76, 92, 94, 96, 100, 102, 112, 114, 122, 126, 130, 132, 134, 136, 138, 142, 144, 146, 148, 166, 168, 170, 176, 178. Bildflug Hamburg K. H. Metzler, Hamburg, Seite 8, 52, 186. Eduard Dohm, Eching bei München, Seite 14, 28, 32, 46, 64, 80, 104, 128, 158, 164, 182. Michael Heim, Hamburg, Seite 16, 44, 70, 74, 82. Gerd Michaelis, Hamburg, Seite 18, 30, 54, 66, 88, 90, 98, 118, 120, 124, 150, 156, 184. Rolf Müller, Hamburg, Seite 108, 152, 154, 160, 162, 174. Thomas Müller, Ammersbek 1, Seite 86.

Die Übersetzungen besorgten: Daniel Henry, Hamburg (Französisch), Axel Javier Navarro Ramil, Hamburg (Spanisch), Basil Thomas, Hamburg (Englisch).

DAS TOPOGRAPHIKON · VERLAG ROLF MÜLLER
2000 Hamburg 60 · Printed in Germany

Satz und Offsetdruck: Offizin Paul Hartung, Hamburg.
Buchbindung: Hunke & Schröder, Iserlohn.

Hamburg heute und gestern

Bilder vom Werden einer Weltstadt

182 Stiche, Lithographien und Fotos
Mit einem Stadtplan von 1841

Texte von Rolf Müller
unter Benutzung einiger Aufsätze
von Rüdiger Wagner

DAS TOPOGRAPHIKON · VERLAG ROLF MÜLLER

HB 29
HANS HERMANN

Hamburg heute

Wenn Ihnen Hamburg am Herzen liegt: dieses Bild vom Hafen wird Sie bestimmt beeindrucken. Die Dreimastbark »Gorch Fock« passiert unter vollen Segeln die St. Pauli-Landungsbrücken, begleitet von Barkassen, Motorbooten und Hafenfähren voller Schaulustiger. Über allem der Turm des Michels, seit zweihundert Jahren für alle, die Hamburg lieben, das Wahrzeichen der Stadt. Tausende sind auf den Beinen, um den Hafengeburtstag zu feiern. Es ist der 7. Mai. An diesem Tag anno 1189 soll Kaiser Friedrich Barbarossa der gräflichen Neustadt Adolf III., belegen am späteren Nikolaifleet, das Hafenprivileg verliehen haben. Ob dieser kaiserliche »Freibrief« nun echt ist oder nicht, die Hamburger haben guten Grund alljährlich dieses Datum festlich zu begehen. Können sie doch stolz sein auf ihren Welthafen, der sich aus einem kleinen Liegeplatz am Nikolaifleet zur heutigen Drehscheibe des Weltverkehrs entwickelt hat. Ein prachtvolles Bild der Freien und Hansestadt, dieses Hafenfoto voller Leben und Hamburgsymbolik. Es läßt beim Anblick des Segelschulschiffes die Gedanken zurückgehen in die Zeit, als noch die Windjammer die Szenerie an Hamburgs Küste beherrschten . . .

Hamburg today

If you like Hamburg, this picture of the "Gorch Fock" entering the port under full sail accompanied by motor-boats and launches packed with sightseers is bound to warm the cockles of your heart. Thousands of people have flocked here to celebrate the port's "birthday" on the 7 May. It was on this day in 1189 that Emperor Barbarossa granted Hamburg – then a small harbour on the later Nikolaifleet – a charter of privileges. This event is celebrated every year. The sight of the windjammer evokes memories of the days when sailing ships used to dominate the scene in the port.

Hamburgo hoy

Si tiene un interés afectivo por Hamburgo, le impresionará seguramente está foto del puerto. El «Gorch Fock» entra a toda vela en el puerto acompañado por motoras y barcazas llenas de espectadores. Miles de personas han acudido para celebrar, el 7 de mayo, el cumpleaños del puerto. Tal día como hoy, en el año 1189, el Emperador Barbarroja concedió al parecer el privilegio de puerto a la pequeña población a las orillas del futuro Nikolaifleet. La foto del puerto es una estampa solemne de la Cuidad Libre y Hanseática. Al contemplar el blanco velero, los pensamientos vuelven hacia aquellos tiempos, en los que los grandes veleros dominaban el puerto.

Hambourg aujourd'hui

Si Hambourg vous tient à cœur, cette vue du port ne manquera pas de vous plaire. Toutes voiles dehors, le «Gorch Fock» entre dans le port, escorté par les bateaux à moteur et les barcasses pleines à craquer. Des milliers de curieux sont venus fêter l'anniversaire du port le 7 mai. C'est ce jour de l'année 1189 que, comme le veut la tradition, l'empereur Barberousse a accordé un privilège portuaire à la petite colonie située au bord du futur Nikolaifleet. Image de fête de la Ville libre et hanséatique. Le spectacle du blanc voilier nous retransporte à une époque où les grands vaisseaux dominaient le port.

Hamburg gestern

Hier nun der Blick zurück in die alten Tage, als Segelschiffe aller Nationen noch Hamburgs Hafen das Gepräge gaben. Da liegen sie, die Barken, Briggs und Vollschiffe, aufgereiht an den Dückdalben des Niederhafens. Auch um 1865 sehen wir reges Leben auf dem Strom. Äußerst dekorativ der Anblick des hereinsegelnden Schiffes mit der Hamburger Flagge. Der Lithograph Julius Schöpel wußte schon, wie ein symbolträchtiges Hafenpanorama zu gestalten war. Er hatte Hamburg genau von dem Standort aufgenommen, wie fast 120 Jahre später der Fotograf des Hafengeburtstages. Zwei imposante Bilder – zwei Momentaufnahmen aus der zwölfhundertjährigen Geschichte unserer Stadt. Bilder, die vom steten Wandel berichten, und die neugierig machen auf das, was einmal war und heute ist. Die Hamburgensien-Künstler früherer Jahrhunderte haben glücklicherweise einen reichen Bilderschatz hinterlassen, so daß wir in die Lage versetzt werden, an bedeutenden Punkten des heutigen Hamburg die Vergangenheit in Bildern wieder aufleben zu lassen. Kommen Sie mit auf eine Wanderung durch Hamburgs alte und neue Zeit, erleben Sie das Werden einer Weltstadt . . .

Hamburg yesterday

This was a typical scene in former times when sailing ships from all corners of the globe used to tie up in the port. Here we see them, side by side in the Lower Harbour. In 1865 too, the Elbe presented a lively picture. Two studies of Hamburg, past and present. They show the changes which have taken place. Hamburg has been depicted by many artists during the course of the centuries so that we are able to recognize many historical features from the city's present-day appearance. Let us take a stroll through Hamburg and see something of the city's fascinating past . . .

Hamburgo ayer

Aquí está la estampa de entonces, cuando los veleros de todas las naciones daban su carácter al puerto. Los barcos aparecen atracados en densas hileras en el Niederhafen. También en 1865 se observa mucho movimiento en el Elba. Dos estampas de Hamburgo, entonces y ahora, nos informan sobre el permanente cambio de la ciudad. Muchos artistas nos han dejado un verdadero tesoro de estampas del Hamburgo de siglos anteriores. Por eso podemos revivir en sitios clave del Hamburgo actual su pasado a través de las estampas. Venga a recorrer el Hamburgo de hoy y descubra el encanto de los viejos tiempos.

Hambourg hier

Une vieille illustration alors que les voiliers de toutes les nations donnaient au port sa silhouette caractéristique. Les bateaux sont ici amarrés dans le port inférieur. En 1865 régnait aussi sur l'Elbe une grande activité. Deux vues de Hambourg, jadis et aujourd'hui, qui témoignent de la constante évolution de la ville. De nombreux artistes ont laissé de Hambourg des siècles passés un trésor d'illustrations si bien que, à beaucoup d'endroits du Hambourg d'aujourd'hui nous pouvons faire revivre en images le passé. Accompagnez-nous dans cette promenade à travers Hambourg d'aujourd'hui et retrouvez le charme du passé.

Zuerst einmal wollen wir Hamburgs Topographie aus der Höhe betrachten. Die Luftaufnahme zeigt uns den Stadtkern zwischen Elbe und Alster, das verbliebene System der Fleete, im Osten den Hauptbahnhof und im Westen die Michaeliskirche. Vergleichen wir das Foto mit dem fast vierhundert Jahre alten Kupferstich Franz Hogenbergs, so fällt besonders auf, daß sich das Gebiet westlich vom Neuen Wall, die spätere Neustadt, noch als Garten- und Ackerland zeigt. Klar herausgearbeitet auf dem Bild von 1589 die Kirchen, Klöster, Marktplätze, Fleete und Festungsanlagen. Wo heute der Jungfernstieg ist, bemerken wir auf dem alten Bild den Reesendamm. Die Lombardsbrücke gab es noch nicht. Im Nikolaifleet, dem ersten Hafen der Stadt, sind nur kleinere Lastkähne sichtbar. Die großen Frachtsegler ankern im Binnenhafen. Der Hafen hatte sich zu der Zeit schon von der Alster zur Elbe hin entwickelt. Am Nikolaifleet, nahe dem Rathaus, erhebt sich seit 1583 die nach dem Antwerpener Vorbild erbaute Börse. Um 1589 zählte Hamburg 40 000 Einwohner. Zu dieser Zeit hatten viele Glaubensflüchtlinge aus Spanien und den Niederlanden in Hamburg Fuß gefaßt, die hernach den Wohlstand der Stadt wesentlich heben halfen.

Hamburg, Stadt an Fleeten und Flüssen. Die City aus der Vogelschau

Freigegeben LA HH 1255/74

To start with, a bird's eye view of Hamburg. We see the old city centre between the Alster and the Elbe, and the network of canals which has still remained. Franz Hogenberg's copper engraving from 1589 shows fields stretching out west of Neuer Wall. The churches, convents, market-squares, canals and city walls are clearly depicted. Only small lighters are to be seen now in the Nikolaifleet, site of Hamburg's original port; the large merchantmen anchor in the Inner Harbour. In those days, Hamburg had a population of 40,000.

Para empezar, Hamburgo a vista de pájaro. Vemos el centro de la ciudad entre el Alster y el Elba con su mar de casas y el resto del sistema de Fleete. En el grabado de Franz Hogenberg, de 1589, se extienden al oeste del Neuer Wall campos de cultivo. El grabador ha destacado claramente las iglesias, conventos, mercados, canales – los Fleete – y murallas. En el Nikolaifleet, el primer puerto de Hamburgo, solamente se pueden ver pequeñas gabarras. Los grandes veleros de carga han anclado en el puerto interior.

Tout d'abord Hambourg à vol d'oiseau. Nous voyons le centre entre l'Alster et l'Elbe avec ses maisons et ses canaux. Sur la gravure de Hogenberg de 1589 des terres labourées s'étendent à l'ouest de Neuer Wall. On distingue nettement églises, monastères, places, canaux et fortifications. Au Nikolaifleet, premier port de Hambourg, il n'y a encore que des petits chalands, les voiliers de charge sont ancrés dans le port intérieur. Le port s'étendait déjà de l'Alster à l'Elbe. Hambourg comptait alors 40.000 âmes.

Kupferstich nach Zeichnung von Franz Hogenberg

Hamburgum anno 1589

Dem ältesten Hamburg begegnen wir auf diesem Foto. Dort, wo wir das Ausgrabungsfeld auf dem Domplatz sehen, stand einst die Hammaburg, die wenig später als 800 nach Chr. angelegt und mehrmals zerstört worden war. Daß aber schon viel früher, zur Steinzeit, dieser höchste Punkt zwischen Alster- und Elbniederung zeitweise besiedelt war, haben die Archäologen gerade jetzt herausgefunden. Dieses Areal jedenfalls ist die Keimzelle unserer Stadt. Und genau auf diesem Grund stand einst der von Suhr dargestellte Dom. Die erste Domkirche war bald nach 811 auf Befehl Karls des Großen in Holz errichtet worden. In den folgenden drei Jahrhunderten sind Stadt und Dom bei Überfällen mehrfach zerstört worden. Erst im Jahre 1106 wurde mit dem Bau einer steinernen, dreischiffigen Basilika begonnen, die bis 1329 zu einer fünfschiffigen Hallenkirche erweitert und 1434 mit einem Turm versehen werden konnte. 1805 begannen die Hamburger den Dom abzubrechen. Schon 1806 waren die letzten Reste verschwunden und die älteste Kirche Norddeutschlands ausgelöscht. 1837 wurde auf dem Terrain das Johanneum erbaut, das dann 1943 den Bomben zum Opfer fiel und nach dem Zweiten Weltkrieg abgebrochen wurde. Nur die Petri- und die Jakobikirche (letztere mit erneuertem Turm von 1961) haben sich in unsere Zeit herübergerettet — wie wir beim Vergleich beider Bilder feststellen können.

Der Domplatz am Alten Fischmarkt, wo Hamburgs Wiege stand

This photo shows the oldest part of Hamburg. The excavation site marks the spot where the Hammaburg stood, the fort erected shortly after 800 A.D. to protect the settlement that Hamburg then was. The first missionary church was built here in wood about the year 810 on the orders of Charlemagne. The church and city were destroyed on several occasions during the three centuries that followed. Not until 1106 did work begin on building a church in stone, and this was enlarged up to 1329 to a cathedral with five naves. The cathedral, depicted here in 1800 by Peter Suhr, was demolished 1805—06.

En esta foto encontramos el Hamburgo más antiguo. Allí, donde vemos las excavaciones en el Domplatz, estaba poco después del año 800 d. C. la primera Hammaburg. Ya en la edad de piedra estaba habitada esta elevación. Sobre esta célula embrionaria se alzó después la catedral, que Peter Suhr presenta aquí en 1800. La primera catedral de la Hammaburg se construyó, en 811, por orden de Carlomagno. En los próximos tres siglos la catedral y Hammaburg fueron destruidas varias veces. En 1106 se empezó a construir una iglesia de piedra que hasta 1329 se amplió formando una iglesia de cinco naves. De 1805 a 1806 se derribó la catedral.

Cette photo montre les vestiges du plus vieil Hambourg. Sur ce lieu de fouilles place de la cathédrale se trouva peu après 800 ap. J. C. le premier Hammaburg. C'est à cet emplacement que se trouva plus tard la cathédrale que Peter Suhr a représentée en 1800. La première église capitulaire avait été construite en bois dans le Hammabourg peu après 811, sur l'ordre de Charlemagne. Les trois siècles suivants la ville et l'église ont été maintes fois détruites. En 1106 seulement on commença une construction en pierre qui devait être agrandie jusqu'en 1329 pour devenir une église à cinq nefs. Elle fut démolie de 1805 à 1806.

Lithographie von Peter Suhr nach eigener Zeichnung

Die Domkirche in Hamburg im Jahre 1800, nebst den Thürmen der St. Petri und Jacobi Kirchen

Über ein halbes Jahrtausend war der Platz an der Trostbrücke Mittelpunkt der Stadtrepublik. Bis zum Großen Brand von 1842 lagen hier die wichtigsten öffentlichen Gebäude, wo ehemals die Nahtstelle zweier Städte gewesen war: die Hauptverbindung zwischen der erzbischöflichen Altstadt, die sich rings um den Dom erstreckte und um 811 von Karl dem Großen gegründet worden war, einerseits und der gräflichen »Neustadt« andererseits, die anno 1188 von Adolf III. von Schauenburg im Bereich des späteren Nikolaikirchspiels angelegt worden war. Beide Städte beschlossen um 1215 den Zusammenschluß, und so baute man »auf halbem Wege« an der Verbindungsstelle beider Stadthälften um 1290 das Hamburger Rathaus, das in späterer Zeit mehrmals erweitert worden ist. Peter Suhr zeigt das Rathaus um 1832 von der Trostbrücke her. Am 6. Mai 1842 sprengten die Hamburger ihr Rathaus, um eine Bresche gegen das Feuermeer zu schlagen. Leider vergebens. Das Feuer wütete noch zwei weitere Tage in der Altstadt. Auf unserem Foto sehen wir heute an Stelle des alten Rathauses den neugotischen Backsteinbau des Patriotischen Gebäudes von 1847. Auf den Balustraden der 1882 neuerbauten Trostbrücke die Standbilder von St. Ansgar (rechts) und Graf Adolf III. von Schauenburg.

Auf historischem Grund: das Patriotische Gebäude an der Trostbrücke

For more than 500 years the square at the Trostbrücke was the focal point of the city republic: this is where the archbishop's "old town" met the "new town" which had been founded by Count Adolf III. The two towns agreed on a fusion around 1215, and the first town hall was built at this "point de rencontre" around 1290. Peter Suhr has depicted the Town Hall as seen from the Trostbrücke around 1832. On 6 May 1842, during the Great Fire, the Town Hall was blown up in an attempt to prevent the flames spreading. Unfortunately in vain; the Fire raged for two further days. Today, the Patriotisches Gebäude stands on this site.

Durante más de 500 años la plaza cerca del Trostbrücke fue el centro de la Ciudad-República: precisamente allí, donde limitan la Ciudad Moderna condal y la Ciudad Antigua arzobispal. Cuando en 1215 decidieron unirse las dos ciudades, se construyó hacia 1290 en el sitio de la unión de las dos, el Ayuntamiento de Hamburgo, que después fue varias veces ampliado. Peter Suhr muestra hacia 1832 el Ayuntamiento desde el Trostbrücke. El 6 de mayo de 1842 volaron los hamburgueses el Ayuntamiento para abrir una brecha contra el fuego. En vano: el fuego se mantuvo aun dos días más. Hoy vemos allí el Patriotisches Gebäude.

Plus de 500 ans la place du Trostbrücke a été le centre de la république municipale: au point de rencontre de la vieille ville archiépiscopale et de la nouvelle ville comtale. Bien après que, en 1215, les deux villes décidèrent de s'unir, on construisit au point de jonction en 1290 l'Hôtel de ville qui fut ensuite plusieurs fois agrandi. P. Suhr le montre en 1832 depuis le Trostbrücke. Le 6 mai 1842 les Hambourgeois firent sauter leur mairie pour ouvrir une brèche contre le feu. Hélas en vain. L'incendie dura encore deux jours. A cet emplacement se trouve aujourd'hui le Patriotisches Gebäude.

Lithographie von Peter Suhr nach eigener Zeichnung

Das Rathhaus und die Bank in Hamburg · Um 1832

Noch einmal sehen wir die Trostbrücke, diesmal im Hintergrund, aufgenommen von der Zollenbrücke nahe der verkehrsreichen Ost-West-Straße. Der Stahlstich von Gray führt uns vor Augen wie es hier früher, vor dem Brand von 1842, ausgesehen hatte. Da erhob sich am Nikolaifleet Hamburgs altehrwürdiges Börsengebäude, in den Jahren 1577 bis 1583 gegenüber dem Rathaus (im Hintergrund sichtbar) von dem Holländer Jan Andresen für die Hamburger Tuchhändler erbaut. Vorbild war damals Antwerpen, das schon 1531 ein Börsengebäude erhalten hatte. Anno 1558 hatte hier an der Trostbrücke unter freiem Himmel die erste »Börsenhandlung« stattgefunden. Da das Börsengebäude von 1583 sich bald als zu klein erwies, trafen sich die Kaufleute, Makler und Agenten weiterhin in den anschließenden Straßen im Freien. Die Börse begann um 13 Uhr. Wer nach dem Läuten zu spät kam, mußte vier Schilling Strafe zugunsten der Maklerwitwenkasse zahlen. An den Pfeilern der Börse hingen Notizen kaufmännischen und allgemeinen Inhaltes, am westlichsten Pfeiler war das »Schwarze Brett« mit den Namen der Bankrotteure angeschlagen. Die Börse galt als »befriedeter« Ort. Niemand durfte hier bewaffnet erscheinen oder sich zu Tätlichkeiten hinreißen lassen.

»Bei der Alten Börse« — Eine kleine Uferstraße, deren Name an Hamburgs erste Börse erinnert

Another view of the Trostbrücke, this time in the background and photographed from Ost-West-Strasse. The steel engraving by James Gray shows how it appeared prior to the Great Fire of 1842. The old stock exchange, which was built 1577–83 by the Dutchman, Jan Andresen, used to stand opposite the town hall (visible in background). It was here that the first stock exchange meeting took place in 1558 in the open. As the building later proved to be too small, many merchants, brokers and agents continued to meet in the open. On these occasions no-one was allowed to carry arms or start a fight.

El Trostbrücke visto ahora al fondo, desde la Ost-West-Strasse. El grabado de James Gray nos muestra como era todo antes del Gran Incendio de 1842. Junto al Nikolaifleet estaba el edificio la Bolsa, que fue construida de 1577 a 1583 por el holandés Jan Andresen, enfrente del Ayuntamiento (visible al fondo de la estampa). Aquí en 1558 tuvo lugar la primera reunión de la Bolsa al aire libre. Como el edificio era demasiado pequeño, se siguieron encontrando muchos comerciantes, corredores y agentes al aire libre. Nadie debía llevar armas ni cometer actos de violencia.

De nouveau le Trostbrücke, cette fois à l'arrière-plan et vu depuis la Ost-West-Strasse. La gravure de James Gray nous montre ce quartier avant le grand incendie de 1842. Au bord du Nikolaifleet s'élevait la Bourse, construite de 1577 à 1583 en face de l'Hôtel de ville (au fond) par le Hollandais Jan Andresen. La première réunion de la Bourse avait eu lieu ici en 1558 à ciel ouvert. Le bâtiment étant trop petit, beaucoup de marchands, de courtiers et d'agents continuaient à se retrouver en plein air. Il était interdit d'y porter une arme ou de se livrer à des voies de fait.

Stahlstich von James Gray nach Zeichnung von Carl Martin Laeisz

Die alte Börse in Hamburg · Um 1840

Gehen wir einige Schritte zurück an den Rand der Ost-West-Straße, so haben wir noch einmal einen Überblick über die Stätte des früheren Stadtzentrums. Rechts sehen wir die Zollenbrücke von 1663, Hamburgs älteste massive Brücke. Wo die Sportboote im Wasser liegen, war einst die Urzelle des Hamburger Hafens. Wieder schauen wir auf die Trostbrücke und das Patriotische Gebäude. Und dann der Griff in die Geschichte. Szenenwechsel. Wir stehen in den frühen Morgenstunden des 6. Mai 1842 an der gleichen Stelle und werden Zeuge eines Ereignisses, das tief in die Geschicke der Stadt eingreifen sollte. Wir sehen das Flammenmeer des Brandes, der vom 5. bis 8. Mai von der Deichstraße bis zum Glockengießerwall eine breite Schneise in die Altstadt legte. Das schöne alte Börsengebäude, das über das Fleet gebaut war, hat bereits Feuer gefangen, Löschmannschaften versuchen, den Alten Kran in aller Eile abzubrechen. Wenig später wird mit 800 Pfund Pulver das Rathaus gesprengt werden, das Opfer war jedoch vergeblich. Das Feuer sprang auch über diese Bresche und machte in der Folge 20 000 Hamburger obdachlos. Die alte Börse versank in Asche, die neue Börse am Adolphsplatz, die vor wenigen Monaten eingeweiht war, überlebte die Katastrophe durch das Eingreifen beherzter Bürger.

Kleiner Jachthafen zwischen Trostbrücke und Zollenbrücke

If we go back a short way to Ost-West-Strasse, we see on the right the Zollenbrücke, built in 1663, Hamburg's oldest stone bridge. In the background we see the Trostbrücke and Patriotisches Gebäude. The old picture takes us back to early morning on 6 May 1842. We witness the full fury of the Great Fire which destroyed one quarter of the city between 5 and 8 May. The Stock Exchange is on fire and firemen are trying to demolish the Old Crane. A few hours later, the Town Hall is to be blown up with 800 pounds of explosive. The old focal point of civic and commercial life is reduced to ashes. 20,000 people are left homeless.

Volviendo unos pasos hacia la Ost-West-Strasse podemos ver el Zollenbrücke de 1663, el puente macizo más antiguo de Hamburgo. Al fondo el Trostbrücke y el Patriotisches Gebäude. La antigua estampa nos sitúa en la mañana del 6 de mayo de 1842. Somos testigos del trágico incendio que destruyó, desde el 5 hasta el 8 de mayo, la cuarta parte de la ciudad. La Bolsa está en llamas; equipos de bomberos intentan romper la vieja grúa. Poco después se voló el Ayuntamiento con 800 libras de pólvora. El viejo centro de la vida urbana y comercial se convirtió en cenizas y 20.000 hamburgueses quedaron sin vivienda.

Reculons de quelques pas vers la Ost-West-Strasse et nous voyons à droite le Zollenbrücke de 1663, le plus ancien pont construit en dur de Hambourg. Au fond le Trostbrücke et le Patriotisches Gebäude. La vieille illustration nous transporte à l'aube du 6 mai 1842. Nous sommes témoins du grand incendie qui, du 5 au 8 mai, détruisit un quart de Hambourg. La vieille Bourse a pris feu. Peu après on fait sauter l'Hôtel de ville avec 800 livres de poudre. Le vieux centre de vie municipale et marchande était réduit en cendres; 20.000 Hambourgeois étaient sans abri.

Lithographie von Otto Speckter nach eigener Zeichnung

Die alte Börse
von der Zollenbrücke, den 6. Mai 1842 morgens 3–4 Uhr

Nicht weit entfernt von der Trostbrücke liegt der Adolphsplatz, dessen Nordostseite von der Fassade der Börse beherrscht wird. Der Mitteltrakt der Börse ist identisch mit dem Gebäude, das Peter Suhr uns in seiner Lithographie von 1841 zeigt. 1839 bis 1841 war von den Stadtbaumeistern Wimmel und Forsmann die neue Börse auf dem Grund des 1837 abgebrochenen Maria-Magdalenen-Klosters errichtet, am 2. Dezember 1841 eingeweiht und zwei Tage später von der Kaufmannschaft übernommen worden. Der Kommerzdeputierte Theodor Dill rettete das Gebäude mit einigen anderen Bürgern vor den Flammen des Großen Brandes. 1884 wurde die Börse durch einen Anbau zum Alten Wall hin erweitert, 1912 dann zur Großen Johannisstraße. Heute haben hier ihr Domizil die Allgemeine Börse, die Schiffahrtsbörse, die Hausmakler- und Versicherungsbörse, die Warenterminbörse und natürlich die Hanseatische Wertpapierbörse. Außerdem hat die Handelskammer in diesem Haus ihren Sitz, sie vertritt über 30 000 handelsgerichtlich eingetragene Firmen. Die auf dem alten Bild rings um die Börse dargestellten Häuser waren dem Brand 1842 zum Opfer gefallen.

Merkurs Tempel am Adolphsplatz, die Hamburger Börse

Not far from the Trostbrücke we come across the Stock Exchange at Adolphsplatz. The middle section is identical with the building depicted in Peter Suhr's lithograph from 1841. The new Exchange was built 1839–41 by Wimmel and Forsmann, and inaugurated on 2 December 1841. During the Great Fire, it was saved from the flames by Theodor Dill and a number of plucky citizens. A new wing was added on the Alter Wall side in 1884, and another wing built on the Grosse Johannisstrasse side in 1912. The complex houses several exchanges and the Hamburg Chamber of Commerce.

No lejos del Trostbrücke, en la Adolphsplatz, nos encontramos con la fachada de la Bolsa. El cuerpo central de la Bolsa es idéntico al que Suhr presentó en 1841 en su litografía. De 1839 a 1841 los arquitectos Wimmel y Forsmann construyeron la nueva Bolsa, que se inauguró el 2 de diciembre de 1841. Durante el Gran Incendio se salvó el nuevo edificio gracias a Theodor Dill y otros habitantes valerosos. En 1884 se amplió con un edificio anejo, hacia Alter Wall y, en 1912, hacia la Grosse Johannisstrasse. Varias Bolsas especiales y la Cámara de Comercio siguen teniendo su domicilio allí.

Non loin du Trostbrücke nous arrivons sur l'Adolphsplatz devant la façade de la Bourse. Le bâtiment central de la Bourse est identique à celui que Suhr représente dans la lithographie de 1841. La nouvelle Bourse fut construite de 1839 à 1841 par Wimmel et Forsmann et inaugurée le 2 décembre 1841. Pendant le grand incendie elle fut sauvée des flammes par Theodor Dill et quelques courageux citoyens. En 1884 on lui ajouta une aile du côté du Alter Wall, en 1912 une autre du côté de la Grosse Johannisstrasse. Elle abrite aujourd'hui plusieurs bourses spécialisées et la chambre de commerce.

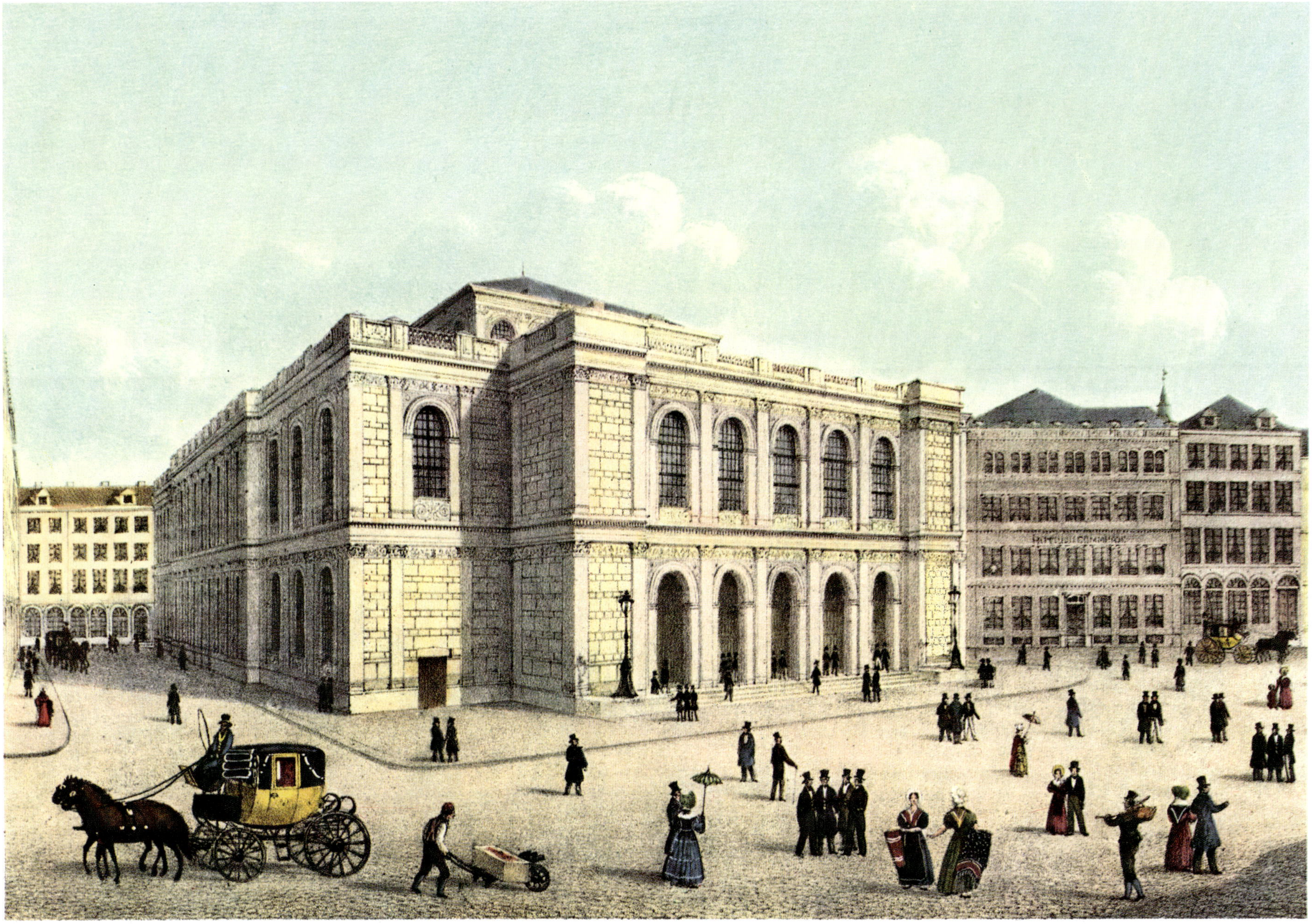

Lithographie von Peter Suhr nach eigener Zeichnung

Die neue Börse, eingeweih't am 2ten und 4ten December 1841

Nachdem wir soviel über die alte und neue Börse gehört und gesehen haben, wollen wir »Merkurs heil'ge Hallen« betreten, um das Innere der Börse kennenzulernen. Im Westflügel des Gebäudes stehen wir in der Wertpapierbörse, und verfolgen das laute, aufgeregte Rufen der Makler und Händler, die hier Aktien und Anleihen handeln. Auf den elektronisch gesteuerten Tafeln erscheinen die Kursbewegungen. Auf Wilhelm Heuers Lithographie der Börsenhalle sehen wir 1862 die Versammlung der Kaufmannschaft im würdigen Gehrock und mit Zylinder, oben auf der Galerie verfolgen Zuschauer das Treiben. Diese Halle bildet heute den Mittelbau der Börse, in der die »Allgemeine Waren-Börse« abgehalten wird. In Robert Geißlers Fremdenführer von 1861 lesen wir über das Börseninnere: »In allen Vorhallen und auf den Treppen sind Plakate über Schiffsgelegenheiten und Verkäufe, Ankunft von Telegrammen, Schiffslisten, Auktionen angeheftet. Der Fußboden im Hauptsaal ist auf eigenthümliche Weise getäfelt. Ebenmäßige Winkel und Abtheilungen, auf dem dunklen Boden durch weißeingelegte Streifen bezeichnet, könnten geschmacklos erscheinen, wären sie nicht praktisch und nothwendig. Sie weisen den Handelshäusern ihren Platz an. . .«

Hamburgs Wertpapierbörse

Entering the Stock Exchange, we come across the section for stocks and shares in the west wing. The movement of prices can be followed from the loud calls of the brokers and dealers and on the electronic display boards. The print from 1862 shows a gathering of merchants in staid attire and top hats. This hall is now the middle section of the Exchange and reserved for "general dealings". In former times, posters advertising ship sailings, all sorts of items for sale, telegram arrivals, ship lists and auctions used to be displayed in the foyers and along the staircases. The floor was divided with lines so that every trading house had its own place.

Entrando en el edificio de la Bolsa vemos en el ala del oeste la Bolsa de valores. Seguimos las fuertes voces de los corredores y comerciantes y las alzas y bajas en la pantalla electrónica. En la litografía de 1862 vemos la reunión de los comerciantes, con sus levitas y sus sombreros de copa. Esta sala forma hoy el centro de la Bolsa, reservado a la Lonja general. En todos los vestíbulos y en las escaleras había entonces avisos de enlaces marítinos y de toda clase de ventas, de la llegada de telegramas, listas de barcos y de subastas. El suelo estaba marcado por unas líneas de tal manera que cada compañía tenia su sitio.

Nous pénétrons dans la Bourse et voyons dans l'aile ouest la Bourse des titres. Nous entendons les cris lancés par les courtiers et suivons le mouvement des cours sur les tableaux électroniques. La lithographie de 1862 nous montre les marchands portant redingote et «haut de forme». Ce hall constitue aujourd'hui la partie centrale de la Bourse. Dans tous les foyers et dans les escaliers étaient accrochées des affiches sur le trafic maritime et toutes les ventes possibles, l'arrivée de télégrammes, des listes de bateaux et des ventes aux enchères. Le plancher était divisé en bandes dont chacune était réservée à une maison de commerce.

Lithographie von Wilhelm Heuer nach eigener Zeichnung

Die Börse – Innere Ansicht · 1862

Hamburgs Skyline, von der Elbe gesehen

Von Hamburgs Börse in den Welthafen ist es nur ein kleiner Gedankensprung. Auf einer Hafenrundfahrt genießen wir von einer Barkasse mit einer fröhlichen Kinderschar den Blick auf die langgestreckten St. Pauli-Landungsbrücken und die Skyline der Stadt. Hamburgs Türme zeigen sich um 1834 aus ähnlicher Perspektive, aufgenommen von Peter Suhr. Wieder eine imposante Ansicht vom Hafengetriebe vor der Stadtkulisse. Ein Hamburger Segelschiff verabschiedet sich beim Auslaufen mit lautem Böllerschuß von seinem Heimathafen. Hafenwärts strebt der 1833 in Glasgow gebaute hölzerne Raddampfer »Elbe«, der seit 1834 den Verkehr zu den Nordseeinseln aufgenommen hat. Wie beschrieb Julius Löwenberg 1841 in seinem Fremdenführer den Blick von der Elbe auf Hamburg? »Von hier aus entfaltet sich eins der schönsten Panoramen der Welt . . . Dazu der belebte Strom mit Schiffen groß und klein, getrieben vom Wind und Dampf, und mit dem Eindruck der Nähe einer Weltstadt fährt man in den Hamburger Hafen ein. Das Gewühl auf diesem großen Wassermarktplatz, auf den die Kanäle wie Straßen ausmünden, ist begreiflicherweise gewaltig . . .«

The Stock Exchange soon leads one's thoughts to the port. From one of the sightseeing launches we see the city's skyline from another angle. The steeples were not very dissimilar in 1834, which is about the time this impressive panorama of the port was made. A Hamburg sailing ship takes farewell of its home port with a gun salute. The wooden paddle-steamer "Elbe", which started operating a passenger service to the North Sea islands in 1834, makes her way towards the port. In the background, a veritable forest of ship masts is visible in the Lower Harbour. And the "Michel" steeple is a conspicuous feature.

De la Bolsa al puerto internacional sólo queda un paso. Dando una vuelta en barco por el puerto, con un grupo de niños, disfrutamos de la vista de los St. Pauli-Landungsbrücken y de la silueta de la ciudad. Hacia 1834 las torres de Hamburgo mostraban una perspectiva parecida. Un panorama del puerto espectacular. Un velero hamburgués se despide de su puerto de matrícula con un diparo de mortero. El vapor de ruedas de madera «Elbe», que desde 1834 mantiene el tráfico hacia las islas del Mar del Norte, está entrando en el puerto. Al fondo se ve claramente el bosque de mástiles de los veleros que están en el Niederhafen.

De la Bourse au port cosmopolite il n'y a qu'un pas. Dans un tour du port nous jouissons avec une bande d'enfants de la vue sur les pontons de St. Pauli (St. Pauli-Landungsbrücken) et sur la silhouette de la ville. Les clochers de Hambourg vus du même endroit en 1834. De nouveau un imposant panorama du port. Un voilier hambourgeois quitte le port en tirant des coups de canon. Le vapeur à roue en bois «Elbe», qui depuis 1834 assurait le trafic avec les îles de la mer du Nord s'approche. Au fond se pressent les mâts des voiliers ancrés dans le port inférieur. Depuis la nouvelle ville salue le clocher du Michel.

Lithographie von Peter Suhr nach eigener Zeichnung

Hamburg von der Elbseite · Um 1834

Das Foto vom winterlichen Hafen zeigt uns von Südosten her, vom Amerikahöft, den Blick auf den gewaltigen Block des Kaispeichers A am Kaiserhöft, den Turm des Michels und weiter nach Westen auf Altona. Ein Binnenschiff schiebt sich durch das Treibeis. Wieviel malerischer wirkte doch der gleiche Blick vor gut 150 Jahren? Bei strengen Wintern hieß es damals »de Elv steiht«. Peter Suhr hat 1833 die bunte Szenerie auf der vereisten Elbe trefflich dargestellt. Vor dem Grasbrook liegen aufgereiht Segelschiffe und der Raddampfer »Berlin«, die hier unfreiwillig Winterpause machen müssen. Eisbrecher gab es erst ab 1871. Vom Michel bis zur Altonaer Hauptkirche im Westen geht der Blick. Alt und jung vergnügen sich auf der Eisfläche. In langer Prozession lustwandeln die Menschen entlang dem Grasbrook. Wir sehen pferdegezogene Schlitten mit Vorreitern, Stuhlwagen auf Schlittenkufen und eine zum Schlitten umfunktionierte »Punschbowle«, in der sich Damen und Herren im Kreise gegenübersitzen. Ein stimmungsvolles Hafenbild aus der Zeit besinnlichen Biedermeiers. Alt-Hamburg, ein wahres Wintermärchen.

Die Norderelbe bei Treibeis

This photo taken in winter gives a view of the port from Amerikahöft in the south-east. We see the steeple of the St. Michaelis church and in the background, Altona. A barge forces its way through the ice. How much more picturesque was the same view 150 years ago! In former times, the Elbe often froze over. Ice-breakers were first used in 1871. Here people can be seen walking on the ice at Grasbrook. Some go in sledges drawn by horses with a horseman in front. A refreshment wagon, the "Punsch-Bowl", adds further colour to the scene: here people sit round a table enjoying a hot drink.

La foto invernal muestra desde Amerikahöft, al sureste, una vista del puerto, de la torre del Michel y, al fondo a la izquierda, Altona. Un barco fluvial navega entre témpanos de hielo. ¡Qué pintoresca era esta vista hace unos 150 años! En inviernos duros estaba el Elba helado; los rompehielos existen desde 1871. Viejos y jóvenes se divertían sobre el hielo. Formando una larga procesión se paseaba a lo largo del Grasbrook. Vemos trineos arrastrados por caballos y un jinete a la cabeza. Un coche colectivo llamado «Punschbowle» con gente sentada alrededor de una mesa anima la estampa.

Cette photo prise en hiver montre depuis le sud-est, depuis l'Amerikahöft, le port, le clocher du Michel et tout à fait à gauche au fond Altona. Un bateau se faufile entre les glaces flottantes. Bien plus pittoresque était la même vue il y a 150 ans. Lors d'hivers rigoureux l'Elbe gelait jadis, les premiers brise-glace remontent à 1871. Jeunes et vieux s'ébattent sur la glace. Des promeneurs longent le Grasbrook. Des traîneaux tirés par des chevaux sont précédés de cavaliers. Dans la «Punschbowle», voiture d'agrément, les gens sont assis en rond autour d'une table.

Lithographie von Peter Suhr nach eigener Zeichnung

Die Elbe bei Hamburg im Winter · 1833

An Hamburgs Küste zwischen Oberhafen und den St. Pauli-Landungsbrücken ist ein beliebter Punkt die Überseebrücke am Ufer der Vorsetzen. Hier legen in der Sommerzeit schmucke Kreuzfahrtschiffe zum Hamburg-Besuch an. Ungefähr wo links im Mittelgrund die Schlepper an dem Ponton liegen, treffen wir um 1835 eines der malerischsten Motive, das einst Hamburgs Hafen zu bieten hatte: das Blockhaus. Das vom Kehrwieder her in den Hafen vorgeschobene Haus lag an dem schmalen Durchlaß vom Niederhafen in den Binnenhafen, dem Niederbaum. Wir sehen im Vordergrund die Pfahlwände. Der Niederbaum wurde abends durch schwimmende Bäume verriegelt. Das Blockhaus war 1665 von dem Stadtbaumeister Hans Hamelau als »Neptunus-Wache« erbaut worden, es diente dem Hafenmeister als Hauptquartier. Das Fachwerkhaus mit seinem hübschen Dachreiter war nur 250 Meter vom Baumhaus entfernt, das ebenfalls Hamelau errichtet hatte. Im Hintergrund dicht an dicht die Masten der Frachtsegler. 1852 wurde das Blockhaus abgerissen.

Ein Kreuzfahrtschiff an der Überseebrücke

A popular place on Hamburg's "coast" between the Upper Harbour and St. Pauli Landing-Stages is Overseas Pier. This is where the passenger cruisers tie up in summer when calling at Hamburg. The tugs berthed in the centre mark the site of the picturesque Blockhaus which we see in the old picture made around 1835. It stood beside the narrow harbour entrance of the "Niederbaum" whose pile walls can be seen in the foreground. At night-time these walls were closed by a boom. The Blockhaus was built in 1665 by the City Architect, Hans Hamelau, as the Neptunus Guardhouse. It was pulled down in 1852.

Un lugar predilecto a lo largo de la costa de Hamburgo, entre el Oberhafen y los St. Pauli-Landungsbrücken, es el Überseebrücke. En verano atracan aquí los cruceros para visitar Hamburgo. A la izquierda del grupo central, donde están atracados los remolcadores al pontón, vemos en la vieja estampa, hacia 1835, el pintoresco Blockhaus. Estaba situado cerca de la salida del Niederbaum, cuyas paredes de estacas se pueden ver en primer plano. Por las noches se cerraban con vigas flotantes. El Blockhaus fue construido por el arquitecto Hans Hamelau en 1665 como puesto de vigilancia «Neptunus». En 1852 se derribó el Blockhaus.

Sur la côte de Hambourg entre le port supérieur et les pontons de St. Pauli, l'Überseebrücke est un endroit populaire. C'est ici que sont amarrés en été les bateaux de croisière. Là où à gauche se trouvent les remorqueurs nous voyons sur la vieille illustration la pittoresque «Blockhaus» en 1835. Elle se trouvait près de l'étroit passage du «Niederbaum» dont on voit les murs de pilotis au premier plan. La nuit ces murs étaient fermés par des poutres flottantes. Construite en 1665 par Hans Hamelau comme poste de garde «Neptunus» elle fut démolie en 1852.

Lithographie von Eduard Ritter nach Aquarell von Hermann Rudolf Hardorff

Das Blockhaus · Um 1835

Das Gegenstück zum Niederhafen war im Südosten der Altstadt der Oberhafen. Segelten vom Niederhafen die Schiffe in alle Welt, so war der Oberhafen der Umschlagplatz für die Binnenschiffe des Oberelbeverkehrs. Heute sehen wir von der neuen Oberbaumbrücke über einen Parkplatz auf den Zollkanal, den Meßberg, das IBM-Haus am Dovenfleet und – von links nach rechts – auf die Türme von St. Katharinen, St. Nikolai, St. Michaelis und des Rathauses. Um 1834 schaute die Welt hier noch ganz anders aus. Peter Suhrs Ansicht ist gut hundert Meter weiter östlich vom Standpunkt des Fotos aufgenommen. Die damalige Oberbaumbrücke schwang sich hinüber zur Insel Großer Ericus, hinter der eisernen Barriere des Deichtores stehen links das Akzisehaus und rechts die Wache (heute breitet sich hinter den damaligen Torgebäuden der im Foto gezeigte Parkplatz aus). Im Oberhafen liegen flachgehende Binnenkähne, auf dem Großen Ericus qualmt der Schornstein von »Brock's Korndampfmühle«. Rechts im Hintergrund, überragt von den Türmen Katharinens und Jakobis, das Gebäude des Bauhofes. Heute erhebt sich dort der 1924 erbaute Meßberghof.

Blick von der Deichtorstraße auf den Wandrahmsteg und die Hochhäuser am Dovenfleet

The Lower Harbour's counterpart is the Upper Harbour in the south-east of the city. The barges operating along the Upper Elbe used to moor in the Upper Harbour. Today, from the new Oberbaumbrücke, we look across a car park towards Zollkanal and the IBM building in Dovenfleet. From left to right, the steeples of the St. Katharinen, St. Nikolai and St. Michaelis churches and Hamburg City Hall. The picture from 1834 was made a hundred metres further east. In those days, the Oberbaumbrücke crossed over to Grosser Ericus Island. Behind the iron fence, the Excise House (left) and Deichtor Guardhouse (where there is now a car park).

En contraste con el Niederhafen está el Oberhafen, al sureste de la ciudad. En el Oberhafen atracaban los barcos fluviales del alto Elba. Hoy vemos desde el nuevo Oberbaumbrücke, sobre un aparcamiento, el Zollkanal, y el rascacielos de IBM en la calle Dovenfleet. De izquierda a derecha las torres de St. Katharinen, St. Nikolai, St. Michael y la del Ayuntamiento. La estampa de 1834 se captó cien metros más al este. El Oberbaumbrücke comunicaba con la isla Grosser Ericus. Detrás de la barrera metálica está la casa de la Aduana (izquierda) y el puesto de vigilancia del Deichtor (donde se encuentra hoy un aparcamiento).

Le pendant du port inférieur est le port supérieur au sud-est de la ville. C'est là qu'étaient ancrés les bateaux du trafic de l'Elbe supérieure. Nous apercevons aujourd'hui depuis le nouveau Oberbaumbrücke un parking, le Zollkanal et le building d'IBM. De gauche à droite les clochers de St. Katharinen, St. Nikolai, St. Michaelis et de l'Hôtel de ville. La vue de 1834 a été prise cent mètres à l'est. L'Oberbaumbrücke reliait jadis l'île «Grosser Ericus». Derrière la barrière de fer le poste d'accise (à gauche) et le poste de garde de Deichtor (à l'emplacement du parking).

Lithographie von Peter Suhr nach eigener Zeichnung

Das Deichthor in Hamburg von aussen · Um 1834

Gehen wir einige Schritte weiter in Richtung Meßberg, so gelangen wir auf den Wandrahmsteg, von dem aus wir den Blick haben auf den Zollkanal, die Straße Dovenfleet mit den beiden Hochhäusern von IBM und Spiegelverlag. Im Hintergrund St. Katharinen. Das alte Foto von Koppmann versetzt uns in den Oktober 1883, kurz bevor die Spitzhacke diese malerische Gegend von Grund auf verändern wird. Der Wasserzug – heute Zollkanal – hieß damals Dovenfleet, das auch der engen Straße den Namen gegeben hatte, die rechts im Foto in Richtung St. Katharinen führt. Auf der linken Seite des Dovenfleets die Rückseite der Häuser des Alten Wandrahms. Ganz rechts am Bildrand wird das alte Bürgergefängnis »Winserbaum« sichtbar. Die besonders schöne malerische Wirkung des alten Fotos steigern am Aufgang zum Winserbaum die Vierländer Frachtkähne, deren Obst und Gemüse zum Meßberg für den Verkauf gebracht worden war. Winserbaum und die Häuser der Straße Dovenfleet waren wenige Monate später verschwunden, nur die Häuser des Alten Wandrahms hatten noch eine Galgenfrist, bis auch sie dem Bau der neuen Speicherstadt des Freihafens geopfert werden mußten.

Moderne Hochhäuser am Zollkanal

Walking a short way towards Messberg, we come to Wandrahmsteg where we have a view of Zollkanal and the street called Dovenfleet in which the tall buildings of IBM and the Spiegel publishing house stand. The photo from October 1883 takes us back to the time just before this area was radically redeveloped. The Dovenfleet (on the right leading to the Katharinenkirche) was dug up and Dovenfleet Canal transformed into Zollkanal. Only the houses on the left of Dovenfleet Canal survived a bit longer. In the foreground are lighters from the district of Vierlande which were used for bringing fruit and vegetables to Hamburg.

Continuando unos pasos más en dirección al Meßberg llegamos al Wandrahmsteg, desde donde la vista se extiende hacia el Zollkanal y hacia la calle Dovenfleet, con los dos edificios de IBM y de la editorial Spiegel. La foto de octubre de 1883 nos traslada hacia aquel tiempo, poco antes de que cambiase completamente esta zona. La calle Dovenfleet (a la derecha en dirección a la Katharinenkirche) se cortó, convirtiéndose en el Zollkanal. Solamente las casas a la izquierda del Dovenfleet, fachada trasera del Alten Wandrahm, sobrevivieron entonces. En primer plano están las chalanas de los Vierlanden que llevaban fruta y verdura a la ciudad.

Faisons quelques pas en direction de Messberg et nous arrivons au Wandrahmsteg d'où nous voyons le Zollkanal et la rue Dovenfleet avec les deux buildings d'IBM et du Spiegel. La photo d'octobre 1883 nous transporte à l'époque juste avant que ce quartier ne subisse de profondes transformations. La rue Dovenfleet (menant à droite vers la Katharinenkirche) fut coupée, le Dovenfleet transformé en Zollkanal. Seules les maisons à gauche au bord du Dovenfleet, le dos du Alter Wandrahm furent tout d'abord épargnés. Au premier plan des chalands des Vierlande portant en ville fruits et légumes.

Photographie von G. Koppmann & Co., Oktober 1883

Hintere Ansicht des Alten Wandrahm · 1883

Der Holländische Brook in der Speicherstadt des Freihafens

Über den Wandrahmsteg sind wir in die Speicherstadt des Freihafens gelangt und erfreuen uns an der schönen Stimmung des Fleets am Holländischen Brook und an der Backsteingotik der Speicherhäuser aus Wilhelminischer Zeit. Im Hintergrund die frühere »Kaffeebörse« am Sandtorkai mit ihren schmucken Türmchen. Im Zuge des 1888 verwirklichten Zollanschlusses waren die alten Quartiere der Brook- und Wandrahminsel ab 1883 für den Bau der Speicherstadt abgebrochen worden: darunter herrliche Kaufmannshäuser mit barocken und Rokoko-Fassaden, die des Denkmalschutzes würdig waren. Heute – fast ein wenig Ironie des Schicksals – ist die Speicherstadt mit ihrer Backsteingotik denkmalgeschützt. Wie es früher, 1884, in der Umgebung des heutigen Holländischen Brooks aussah, zeigt Heuers Autographie nach einer Zeichnung von Ebba Tesdorpf. Links sehen wir an der Gracht des Holländischen Brooks die gleichnamige Straße, rechts – von Bäumen bestanden – den Wandbereiter Brook. Ein Stück Amsterdam in Hamburg! Tatsächlich waren es die Holländer, Flüchtlinge aus den spanischen Niederlanden, die im 16. Jahrhundert dieser Gegend Gestalt gegeben hatten.

Wandrahmsteg leads us into the "warehouse town" of the freeport where we can enjoy the atmosphere of the canal at Holländischer Brook and the Neo-Gothic red brick architecture of the Wilhelminian period. In 1883 work began on demolishing the houses on the islands of Brook and Wandrahm to make room for the freeport warehouses. Today – almost ironically – these warehouses are classified as buildings of historic interest. How the area around Holländischer Brook appeared in 1884 is shown in Wilhelm Heuer's picture. It reminds us of Amsterdam. In fact, it was the Dutch who designed this in the 16th century.

Siguiendo por el Wandrahmsteg llegamos a la ciudad de almacenes del puerto franco, desde donde disfrutamos el bello ambiente del canal en el Holländischer Brook y el gótico de ladrillo de los tiempos guillerminos. A partir de 1883 se derribaron las casas de las islas Brook y Wandrahm, entre las cuales había preciosas mansiones de comerciantes del Barroco y Rococó, que hoy son, como almacenes, – ironía del destino – monumento nacional. La estampa de Heuer muestra como era en 1884 el Holländischer Brook: un canal al estilo de Amsterdam, que construyeron los holandeses en el siglo XVI.

En passant par le Wandrahmsteg nous sommes arrivés dans la ville d'entrepôts du port franc et nous imprégnons de l'atmosphère du canal près du Holländischer Brook et de l'architecture gothique de briques. A partir de 1883 les maisons des îles Brook et Wandrahm, entre autres de superbes maisons baroques et rococo, avaient été démolies pour laisser la place aux entrepôts. Aujourd'hui ceux-ci sont classés monument historique. L'illustration de Heuer montre l'aspect du Holländischer Brook en 1884. Nous voyons un gracht à la Amsterdam. C'étaient effectivement les Néerlandais qui l'avaient aménagé au XVI^{e}s.

Autographie von Wilhelm Heuer nach Zeichnung von Ebba Tesdorpf

Wandbereiter Brook · 1884

Nach unserem Gang durch die Speicherstadt kommen wir auf die Brooksbrücke und übersehen von hier den Binnenhafen. Links die Speicher am Kehrwieder, im Hintergrund die Niederbaumbrücke an der U-Bahnstation Baumwall und das Slomanhaus, rechts der alte eiserne Kran an der Straße Bei dem Neuen Krahn. Seit dem 13. Jahrhundert hatte sich der nachmalige Binnenhafen zum Liegeplatz der größeren Frachtsegler entwickelt, die im Nikolaifleet keinen Platz mehr gefunden hatten. Dieser Wasserzug zwischen Kajen und Kehrwieder war Mitte des 16. Jahrhunderts bei der Stadterweiterung in die Festungsanlagen, die Hamburg umgaben, einbezogen worden, er wurde deshalb von da an Binnenhafen genannt. Um 1870 zeigt uns Wilhelm Heuers hübsche Lithographie das rege Laden und Löschen im Binnenhafen. Am Kai des Kehrwieders sehen wir die glockenförmigen Dächer der Holländischen Winden, im Hintergrund den Mastenwald der Segler im Niederhafen und weiter rechts den Baumwall, der von dem Dachreiter des Roosenschen Hauses an den Vorsetzen überragt wird. Noch gemächlich scheint das Leben hier zu verlaufen. Wir werden Zeuge, wie Säcke und Fässer auf Schuten umgeschlagen werden, die dann die Waren durch die Fleete an die Speicher brachten.

Blick von der Brooksbrücke auf den Binnenhafen

After our walk among the freeport warehouses we come to the Brooksbrücke which provides us with a view of the Inner Harbour. On the left, the warehouses at Kehrwieder; in the background, the Niederbaumbrücke and Sloman House. Already in the 13th century the larger cargo vessels used to berth in that stretch of water which later came to be called the Inner Harbour after the city walls were built in the mid-16th century, thus incorporating it in the city defences. The picture shows ships being loaded and discharged in the Inner Harbour around 1870. On the quayside at Kehrwieder stand Dutch winches with their typical housings.

Después de nuestro paseo por la ciudad de almacenes llegamos al Brooksbrücke desde donde se divisa el puerto interior. A la izquierda, los almacenes en Kehrwieder, al fondo el Niederbaumbrücke y la Slomanhaus. Desde el siglo XIII el antiguo puerto interior se convirtió en atracadero de los grandes veleros de carga y en el siglo XVI se incluyó entre las murrallas con el nombre de puerto interior. Hacia 1870 vemos la carga y descarga allí. En el muelle de Kehrwieder están los cabrestantes holandeses con sus tejados en forma de cúpula. Al fondo destaca el bosque de mástiles del Niederhafen.

Après notre tour dans la ville d'entrepôts nous arrivons au Brooksbrücke d'où nous voyons le port intérieur. A gauche les entrepôts de Kehrwieder, au fond le Niederbaumbrücke et la Slomanhaus. Depuis le XIIIe s. le futur port intérieur était devenu le mouillage des grands voiliers de charge. Cette partie des eaux avait été enclose au milieu cu XVIe s. dans l'enceinte fortifiée et désormais nommé port intérieur. Nous y voyons vers 1870 le chargement et le déchargement de barils et de sacs. Sur le quai de Kehrwieder les toits campanulés des cabestans hollandais. Au fond s'élèvent les mâts dans le port inférieur.

Lithographie von Wilhelm Heuer nach eigener Zeichnung

Kehrwieder und Binnen-Hafen · Um 1870

Überseehaus und Slomanhaus am Baumwall

Am Ende des Kehrwieders sehen wir auf die Niederbaumbrücke, die hinüber zum Baumwall führt. Da stehen das neue Überseehaus und das Slomanhaus, im Hintergrund ragt das Stellahaus am Rödingsmarkt auf. Wo die Niederbaumbrücke den Baumwall berührt, lag früher das Baumhaus, einst einer der markantesten Profanbauten der Hansestadt. Um 1818 hat es der Zeichner Anton Radl festgehalten. Im Jahre 1662 war das Haus von dem Baumeister Hans Hamelau nach holländischem Vorbild errichtet worden. Das Baumhaus war einst End- und Ausgangspunkt für den Personenverkehr auf der Elbe. Am Ponton sehen wir gerade einen Ewer, der Passagiere aus Harburg anlandet. Viele Reisende haben damals am Baumhaus erstmals hamburgischen Boden betreten. Mehrere Funktionen hatte dieses Gebäude: es war Gasthof, Börse für Schiffer und Reeder sowie eine Stätte großer Feste der Hamburger Kaufmannschaft. 1837 war auf seinem Dach der erste optische Telegraf angebracht worden, der Hamburg mit Cuxhaven verband und als Vorläufer des heutigen Schiffsmeldedienstes gelten kann. Im Sommer 1842 beherbergte der Aussichtsturm das erste Fotoatelier Hamburgs, die Werkstatt des Malers und Daguerreotypisten Biow, der eine Reihe Aufnahmen von der Brandstätte Hamburgs nach dem Mai 1842 gemacht hatte. 1857 fiel das Baumhaus der notwendigen Straßenverbreiterung zum Opfer.

At the end of Kehrwieder we see the Niederbaumbrücke which crosses over to Baumwall where the new Überseehaus and Sloman House stand. The point where the Niederbaumbrücke and Baumwall meet marks the site of the Baumhaus which used to be the arrival and departure point for passenger traffic along the Elbe. Anton Radl has depicted the Baumhaus in 1818. The boat at the pontoon has just arrived from Harburg. The Baumhaus was built in 1662 by Hans Hamelau and served as a restaurant, exchange for shippers and shipowners, and venue for social functions. It was demolished in 1857 to make room for road widening.

Al final del Kehrwieder vemos el Niederbaumbrücke que lleva hacia Baumwall. Allí está la nueva Überseehaus y la Slomanhaus. Donde llega el Niederbaumbrücke a Baumwall estaba antes la Baumhaus, que era la estación de salida y llegada de viajeros por el Elba. En 1818 dibujó Anton Radl el Baumhaus. Junto al pontón vemos una gabarra que trae pasajeros de Harburgo. La casa la construyó Hans Hamelau en 1662 y servía de restaurante, Bolsa de navegantes y armadores y además como local para las fiestas de los comerciantes. En 1857 se derribó a consecuencia del ensanche de la calle.

Au bout du Kehrwieder nous voyons le Niederbaumbrücke qui mène au Baumwall. Là se trouvent la nouvelle «Überseehaus» et la «Slomanhaus». Là où le pont relie le Baumwall se trouvait jadis la Baumhaus, terminus et départ du trafic de voyageurs sur l'Elbe. Anton Radl a fixé en image la Baumhaus en 1818. Une gabare amène des passagers de Harbourg. Cette maison construite en 1662 par Hans Hamelau servait d'auberge, de bourse pour mariniers et armateurs et de cadre à de grandes fêtes pour les marchands. Elle fut démolie en 1857 à cause de l'élargissement de la rue.

Kupferstich von Frisch, 1821, nach Zeichnung von Anton Radl

Das alte Baumhaus in Hamburg · Um 1818

Nochmals eine Übersicht über die Norderelbe von Steinwerder aus. Unverwechselbar der Turm des Michels, Hamburgs Wahrzeichen für alle Völker seefahrender Nationen. Auf dem Bild aus der Zeit um 1845 dominiert der Michel ebenfalls im Hintergrund. Zahlen mögen angesichts einer solch malerischen Ansicht profan erscheinen, geben aber einen Eindruck vom Aufstieg des Platzes Hamburg zum Welthafen. 1845 kamen beispielsweise 3 502 Schiffe an, heute sind es um die 16 000. Um 1845 zählte die Stadt ungefähr 170 000 Einwohner, in unseren Tagen rund 1,7 Millionen. Die gewaltige Entwicklung des Hafens ist erst möglich geworden durch den Ausbau immer weiterer Hafenbecken und durch tiefes Ausbaggern des Elbstromes. Als größter Seehafen der Bundesrepublik Deutschland zählt Hamburg heute zur Spitzengruppe der Seehäfen Europas. Fast 40 000 Menschen verdienen im Hafen ihr Brot. Der Güterumschlag stieg in den letzten Jahren auf jährlich über 60 Millionen Tonnen. Allein fast 800 000 Container haben am Gesamtumschlag einen Anteil von 36%. Der Hafen Hamburg hat die Dimensionen einer mittleren Großstadt: er umfaßt eine Fläche von 8 000 Hektar mit hundert Kilometer Schiffsliegeplätzen!

Blick vom Fährkanal Steinwerders auf Hafen und Michel

Another view of the North Elbe from Steinwerder. The steeple of St. Michaelis is unmistakable. It likewise dominates in the picture from around 1845. Statistics may seem out of place at the sight of such a picturesque scene, but they show how Hamburg has grown into a major international port: in 1845, 3,502 ship arrivals were registered; today the figure surpasses 16,000. The tremendous growth of the port has been made possible through the development of more and more terminals and through constant dredging of the Elbe. Almost 40,000 people earn their livelihood in the port. The annual cargo volume now exceeds 60 million tons.

Otra vista desde el Steinwerder del Elba Norte inconfundible la torre de St. Michaelis, que domina también la estampa hacia 1845. Ante una vista tan pintoresca, las cifras resultan un poco profanas pero muestran el desarrollo del puerto de Hamburgo. En 1845 llegaron 3.502 barcos; hoy son unos 16.000. El enorme desarrollo del puerto fue posible gracias a la continua ampliación de las dársenas de atraque y al dragado del Elba. Casi 40.000 personas viven del puerto. El transbordo de mercancías llega a superar anualmente los 60 millones de toneladas.

Encore une vue de l'Elbe du nord depuis Steinwerder. Le clocher de St. Michaelis avec sa silhouette bien connue. Sur l'illustration de 1845 il domine aussi. Donnons seulement quelques chiffres qui permettent de se faire une idée de l'expansion du port de Hambourg: en 1845 3.502 bateaux y sont entrés, aujourd'hui autour de 16.000 par an. Cette impressionnante évolution n'a été possible que grâce à la construction de nouveaux bassins et au dragage de l'Elbe. Près de 40.000 personnes gagnent leur vie dans le port. Le trafic de marchandises s'élève à 60 millions de tonnes par an.

Lithographie von Carl Friedrich Beer nach eigener Zeichnung

Hamburg · Um 1845

Hamburgs hochwasserbedrohte Küste hat sich nach der Flutkatastrophe von 1962 im Zuge der Straßen Johannisbollwerk/Vorsetzen in eine breite Hafenpromenade verwandelt. Vom Hafentor aus sehen wir auf den Uhrturm der St. Pauli-Landungsbrücken. Die Promenade gewährt ständig Einblick in das lebendige Hafengeschehen. Ganz rechts im Foto wird die U-Bahnstation St. Pauli-Landungsbrücken sichtbar. An dieser Stelle finden wir in Peter Suhrs Lithographie 1846 das burgartig gebaute Hafentor, das 1845 als »Zoll- und Accise-Stätte« fertiggestellt worden war. An den Toren der Stadt wurden damals die unbeliebten Verbrauchssteuern für eingeführte Lebensmittel erhoben. Im Hafentor war auch eine Wache für das »Hamburger Kontingent« eingerichtet. Nach 1888 bezog die Hafenpolizei das Haus. Im Mai 1909 wurde die kleine Bastille am Fuße des Stintfangs abgerissen. Suhrs Bild zeigt uns das Leben am Jonashafen an einem Sonntagmorgen. Einheimische Spaziergänger, ausländische Matrosen, eine Blankeneserin in ihrer Tracht, ein Karrenschieber, der einem vornehmen Herrn das Gepäck befördert. An den Dückdalben liegen nebeneinander ein amerikanisches und ein Hamburger Segelschiff.

Die Promenade am Hafentor und der Uhrturm der St. Pauli-Landungsbrücken

After the flood disaster in 1962 a wide "port promenade" was constructed the length of Vorsetzen and Johannisbollwerk. Looking from Hafentor, we see the clock-tower of the St. Pauli Landing-Stages complex. On the right is the Underground station. Suhr's lithograph from 1846 shows the Hafentor exactly on the same spot. It was completed in 1845 as customs and excise building. In those days consumer taxes on imported foodstuffs were levied at the gateways leading into the city. The Hafentor was pulled down in 1909. The old picture shows an American and a Hamburg ship moored next to each other at the dolphins.

Después de la catástrofe del temporal en 1962 se convirtieron las calles Vorsetzen/Johannisbollwerk en una avenida. Desde el portal del puerto vemos la torre del reloj de St. Pauli-Landungsbrücken. A la derecha del todo, la estación del metro. En la litografía de Suhr de 1846, vemos el portal del puerto que en 1845 construyó como aduana y estación de impuestos de consumo. Antes se cobraban aquí los impuestos por los comestibles importados. En mayo de 1909 fue derribado. En la vieja estampa vemos un barco americano y otro hamburgués en los atracaderos.

Après les inondations de 1962 les rues Vorsetzen/ Johannisbollwerk ont été transformées en une large promenade. Depuis Hafentor nous voyons la tour avec horloge des embarcadères de St. Pauli. Tout à fait à droite la station de métro St. Pauli-Landungsbrücken, c'est l'endroit précis où sur la lithographie de Suhr de 1846 se trouve le Hafentor, station de douane et d'accise achevée en 1845. Aux portes de la ville étaient perçus des impôts sur les vivres. Le Hafentor fut démolie en 1909. Sur la vieille illustration nous voyons côte à côte un bateau américain et un bateau hambourgeois amarrés à des ducs d'albe.

Lithographie von Peter Suhr nach eigener Zeichnung, 1846

Das neue Hafenthor in Hamburg und der neue Hafendamm · 1846

Neben der U-Bahnstation St. Pauli-Landungsbrücken steigen wir die Treppen hinauf zum Stintfang, der seit den zwanziger Jahren des vorigen Jahrhunderts der berühmte Aussichtspunkt auf Hamburgs Hafen ist. Beim Blick westwärts sehen wir unter uns die 1919 fertiggestellten Empfangsgebäude der St. Pauli-Landungsbrücken und den Kuppelbau des 1907 bis 1911 erbauten Elbtunnels. Anno 1620 war bei der Neubefestigung Hamburgs die Bastion Albertus an der Elbe entstanden, nach 1820 wurde sie, bei der Umwandlung der Hamburger Wälle in Gartenanlagen, in eine Aussichtsplattform umgestaltet, die von da an ungezählten Künstlern als Blick auf das imposante Hafenpanorama diente, das immer neu zu gestalten sich als äußerst reizvoll erwies. Wilhelm Heuer zeigt uns 1862 die Ansicht auf die damals noch bescheidene Landungsbrücke, das Fährhaus, den Mastenwald in der Nachbarstadt Altona und auf der Anhöhe Wiezel's Hotel, das zu der Zeit zu den »wohlrenommirten« Häusern Hamburgs gehörte.

Aussicht vom Stintfang auf die St. Pauli-Landungsbrücken

Beside St. Pauli Landungsbrücken Underground station steps lead up to the Stintfang, that height which has been a famous vantage point for a view of the port since the 1820s, and from the top of which innumerable artists have painted their Hamburg scenes. Here we are looking westwards towards the St. Pauli Landing-Stages. Wilhelm Heuer has depicted the view in 1862: a modest pier, the ferry-house, the masts of ships in neighbouring Altona, and, on the right, Wiezel's Hotel. The Stintfang used to be part of the city walls; formerly it was the Albertus Bastion which was built in 1620.

Al lado de la estación del metro de St. Pauli-Landungsbrücken subimos al Stintfang, el famoso mirador de principios del siglo XIX. Muchos artistas escogieron este mirador para sus vistas de Hamburgo. Hacia el oeste vemos los edificios de los St. Pauli-Landungsbrücken. Wilhelm Heuer nos muestra una vista, en 1862, hacia los St. Pauli-Landungsbrücken, el embarcadero, el bosque de mástiles de la ciudad vecina Altona y, a la derecha en la cima, el hotel Wiezel, que fue una de las casas más famosas de Hamburgo. El Stintfang surgió de la bastión Albertus, de 1620.

A côté de la station de métro St. Pauli-Landungsbrücken nous montons sur le Stintfang, cette butte qui offre depuis les années 20 du XIXe s. un célèbre panorama sur le port et qui a servi à d'innombrables artistes. Wilhelm Heuer nous montre la vue qu'on avait en 1862 sur l'encore modeste embarcadère, la maison de batelage, la forêt de mâts d'Altona et à droite sur la hauteur l'«Hôtel Wiezel», l'un des plus célèbres établissements de l'époque à Hambourg. Le Stintfang avait vu le jour à l'emplacement de l'ancien bastion Albertus aménagé en 1620.

Lithographie von Wilhelm Heuer nach eigener Zeichnung

Aussicht vom Stintfang (Elb-Höhe) · 1862

Gehen wir auf die dem Stintfang gegenüberliegende Anhöhe – wo einst Wiezel's Hotel stand –, so sehen wir von dem Weg »Bei der Erholung« auf die St. Pauli-Landungsbrücken, deren fast 700 Meter lange Potonpromenade uns von diesem Blickwinkel her verborgen bleibt. Im Bilde aus der Zeit um 1850 entdecken wir zwei Brücken, dic zum Ponton der Dampfschiffe führen. Diese hölzerne Landungsbrücke aus dem Jahre 1839 diente vorwiegend dem Fährverkehr nach den Elbinseln und nach Harburg per Raddampfer. Ganz rechts mit Hamburger Flagge das Fährhaus. Im Hintergrund ragt der Mastenwald vor dem Johannisbollwerk auf. Ganz links erhebt sich die grüne Aussichtshöhe, der Stintfang. Den Vordergrund der fein ausgeführten Lithographie hat der Künstler durch vornehme Damen und Herren in der Mode des Biedermeiers belebt, Schutenhüte und hohe Zylinder, sogenannte Angströhren, sind der typische Kopfschmuck der Epoche.

Die St. Pauli-Landungsbrücken, Promenade und Wasserbahnhof zugleich

From the top of the hill opposite Stintfang, where once Wiezel's Hotel used to stand, we see down below the St. Pauli Landing-Stages. From this angle, however, most of the nearly 700 m long promenade on pontoons is hidden from view. The picture from 1850 shows two piers leading out to a pontoon landing-stage. This small terminal was built in 1839 and served passenger traffic to the islands in the Elbe and to Harburg. The ships used in those days were paddle-steamers. On the extreme right we see the ferry-house, which is flying the Hamburg flag, and in the background, the forest of ship masts in the Lower Harbour.

Subiendo a la elevación situada enfrente del Stintfang vemos los St. Pauli-Landungsbrücken, donde antiguamente estaba el hotel Wiezel. Desde este mirador queda ocultado el paseo de 700 m de longitud. En la estampa de 1850 vemos dos puentes que llegan al pontón de los barcos a vapor. Esta instalación del año 1839 servía para el tráfico de los barcos transbordadores que iban a las islas del Elba y a Hamburgo. Antiguamente eran barcos a vapor de ruedas. A la derecha del todo se ve el embarcadero, con la bandera hamburguesa. Al fondo, el bosque de mástiles en el Niederhafen.

Allons sur la hauteur en face du Stintfang; de là, où se trouvait jadis l'Hôtel Wiezel, nous voyons les embarcadères de St. Pauli mais pas la promenade longue de 700 mètres. Sur l'illustration de 1850 nous apercevons deux ponts qui mènent au ponton des bateaux à vapeur. Cet ouvrage datant de 1839 servait au trafic de ferry-boat vers les îles de l'Elbe et Harbourg. Les bateaux étaient encore à l'epoque des bateaux à vapeur à roue. Tout à fait à droite la maison de batelage où flotte au vent le pavillon hambourgeois. On aperçoit au fond les mâts dans le port inférieur.

Lithographie, vermutlich von Valentin Ruths nach eigener Zeichnung

Hamburg, der neue Hafen · Um 1850

Zu den modernsten Umschlaganlagen im Hafen gehört heute der Container-Terminal Burchardkai. Gewaltige Containerbrücken legen ihre riesigen Arme über die Spezialschiffe. Hochbockige Fahrzeuge, Van-Carrier, fahren die großen Behälter zur Containerbrücke, die die Last aufnehmen und auf das Schiff hieven. Eine faszinierende Maschinerie läuft da ab, die täglich beweist, daß Hamburg ein »schneller Hafen« ist. Das Bild von 1877 zeigt die Kaiarbeit von damals, als die Dampfkraft der Kräne der letzte Schrei war. Gustav Kopal schrieb zu diesem Holzstich: »Auf den Quais geht Alles mit Dampf; mit fieberhafter Eile pulsiren die hier zusammenlaufenden Verkehrsadern. Die Quaisarbeiter sind ein kerniges, urkräftiges Geschlecht, sie sind in Thätigkeit unter Anleitung von Inspectoren . . . Die Krähne sind theils Dampf-, theils Handkrähne. Die Art der Waare entscheidet, ob Dampf- oder Menschenkraft zur Anwendung kommen soll. Die gewöhnlichen Dampfkrähne heben zwanzig bis hundert Centner . . . ein Goliath nimmt eine Last von 30 000 Kilo auf sich. In dringenden Fällen wird ein Schiff binnen vierundzwanzig Stunden entlöscht und neu beladen . . .« Schon damals war Schnelligkeit der Abfertigung oberstes Gebot im Hafen.

Container-Terminal am Burchardkai

The Container Terminal at Burchardkai is one of the most modern cargo handling facilities in the Port of Hamburg. There is always plenty of activity here as straddle carriers and container cranes ensure a constant flow of containers to and from the ships berthed at the numerous quays. A fascinating range of machinery and technology which underlines Hamburg's reputation of being a "fast port". In 1877 steam power had just been introduced. The dockers needed all the strength they had, for some of the cranes were operated manually. The nature of the goods determined whether steam or muscle was necessary.

El terminal de contenedores «Burchardkai» es hoy una de las instalaciones de carga y descarga más modernas. Los «Van-Carrier» llevan los contenedores a los puentes donde los estiban en los barcos. Un mecanismo que demuestra día a día la reputación del «puerto rápido». En 1877 vemos que la fuerza de vapor era la última moda en los muelles de la ciudad. Los cargadores eran los braceros más fuertes que trabajaban bajo la vigilancia de inspectores. Algunos transbordadores se manejaban manualmente. Según la clase de mercancía se aplicaba fuerza humana o fuerza de vapor.

Le terminus de container Burchardkai compte parmi les plus modernes installations portuaires de transbordement. Des véhicules hauts sur pattes, nommés Van-Carrier, transportent les containers ensuite hissés sur les bateaux. Une machinerie fascinante qui justifie la réputation faite à Hambourg d'être «un port rapide». En 1877 la force de la vapeur était le dernier cri sur les quais. Les ouvriers des quais, de solides gaillards, étaient dirigés par des inspecteurs. Quelques grues étaient encore maniées à la main. Selon les marchandises on se servait de la force de la vapeur ou de celle des muscles.

**Die Dampfkrähne
in den Lagerräumen der Hamburger Quais · 1877**

Holzstich (anonym) nach Zeichnung von Heinrich Jenny

Die Frühschicht der Schauerleute am Baumwall

Bei aller Technisierung des »schnellen Hafens«, die Menschen sind immer noch wichtigster Bestandteil im täglichen Ablauf. So sehen wir frühmorgens die Schauerleute am Baumwall, die mit Barkassen zum Laden oder Löschen der Schiffe gefahren werden. Seit 1911 der Elbtunnel nach Steinwerder fertiggestellt war, gelangten viele Hafenarbeiter auch zu Fuß in ihren Betrieb. Und wie war dies vorher? Das Bild von 1885 gibt uns einen Eindruck vom Feierabend im Hafen. Da drängen sich Dampf- und Paddelboote vor dem Anleger am Baumwall, dicht besetzt mit kräftigen Männern in Arbeitskluft. Manche leisten sich den Luxus, eines der kleinen Dampfschiffe als Fähre zu benutzen, die anderen paddeln schwere Holzboote über den Strom, um nach Hause zu kommen. »Auf möglichste Eile sind natürlich am Feierabend die Arbeiter versessen«, schrieb Harbert Harberts zu Carl Schildts Lithographie, »denn es geht ja nach der anstrengenden Arbeit des Tages zwischen den kreischenden und rasselnden Maschinen zur friedlichen Rast ›bei Muttern‹, und diese Rast ist kurz genug, um von der Zeit auch nur noch Minuten vertrödeln zu können.« Am nächsten Morgen ging es wieder früh zu den Vorsetzen, um bei den Stauerfirmen zu fragen: »Hest wat to dohn?« Und dann begann ein neuer harter Törn.

Despite all the advances in port handling techniques, the human element has remained the most important factor in day-to-day operation. Here we see dockers at Baumwall early in the morning being taken to their place of work by launch. The lithograph from 1885 gives an impression of the atmosphere during a change of shift in the "good old days". Typical dockers can be seen in steamers or longboats. Those who wanted to save money would row across the river in boats. All naturally wanted to get back home as quickly as possible, for more hard work awaited them the next day.

A pesar de toda la mecanización, la persona sigue siendo el factor más importante en el funcionamiento. De madrugada vemos los cargadores en el Baumwall, trasladándose en las lanchas a los puestos de carga y descarga. La estampa de 1885 nos presenta el relevo de los equipos en tiempos pasados. Los barcos a vapor y las barcas completamente llenas de trabajadores se agrupan en el Baumwall. Aquéllos, que querían ahorrar dinero bogaban en botes pesados contra la corriente. Naturalmente querían llegar todos lo antes posible a casa, porque a la mañana siguiente empezaba otra dura jornada.

Malgré toute la technique dans le port, les hommes restent le facteur essentiel. C'est ainsi que nous voyons tôt le matin les débardeurs au Baumwall qui prennent des barcasses pour aller décharger et charger les bateaux. L'illustration de 1885 nous donne une impression de la relève au «bon vieux temps». Des bateaux à moteur et à rames se pressent au Baumwall, pleins d'ouvriers en vêtement de travail. Ceux qui voulaient économiser traversaient le fleuve dans de lourds bateaux à rames. Tous voulaient rentrer le plus vite possible à la maison, le lendemain un dur labeur les attendait.

Lithographie von Carl Schildt nach eigener Zeichnung

Feierabend (Baumwall) · 1885

Immer wieder geht der Ruf in Hamburg nach hafennahen Wohnungen. Die Neustadt, die im Zweiten Weltkrieg durch Bomben stark zerstört wurde, war früher das Wohnquartier für Tausende, die ihr Brot im Hafen verdienten. In den letzten Jahren sind neue Wohnblöcke in der Nähe des Michels hochgezogen worden. Das Foto zeigt an der Rothesoodstraße eines der neuen Häuser, die Licht und Luft garantieren. Ganz anders die Enge des Wohnhofes an den Vorsetzen im Jahre 1885. Carl Schildt gibt uns eine Milieustudie vom Leben der kleinen Leute nahe dem Hafen. Höfe dieser Art gab es zu der Zeit noch in der Neustadt im Überfluß. Die Gegend zwischen Schaarmarkt und Vorsetzen wies damals Hamburgs größte Bevölkerungsdichte auf. Laut Statistik von 1875 waren dies 1 119 Menschen auf einen Hektar Wohngebiet. Zum Vergleich: in der Vorstadt St. Georg kamen nur 227 Personen auf den Hektar! So nimmt es nicht wunder, daß sich 1892 besonders in dem dichtbevölkerten Quartier der Gänge und Höfe rings um den Schaarmarkt die Cholera verheerend ausbreiten konnte. 8 605 Hamburger fielen der Epidemie zum Opfer. Zwei Jahre später wurde mit der Sanierung der südlichen Neustadt begonnen. Das alte Bild zeigt, daß die Menschen damals wie eine große Familie miteinander lebten. Da spielen die Kinder neben einem älteren Paar, das vor der Tür auf der Bank in der Sonne sitzt. Eine Mutter wäscht Wäsche im Zuber. Und der Milchmann nähert sich mit seinem Ruf »Me-e-elk«.

Blick von der Kersten-Miles-Brücke auf die Rothesoodstraße

Ever since Hamburg's Neustadt suffered heavy damage through bombs during the last war there has been a call for housing near to the port. Many new blocks of flats have sprung up around the "Michel" in the last few years. We see one of these in Rothesoodstrasse; the style of building provides plenty of light and fresh air. Quite a contrast to the cramped conditions in which people lived in the old days. Carl Schildt has depicted a typical yard at Vorsetzen in 1885. It is not surprising that the cholera epidemic in 1892 took its heaviest toll in Hamburg's most densely populated area – here between Schaarmarkt and Vorsetzen.

Desde que Neustadt fue destruida por las bombas en 1943, hay demanda de viviendas en las cercanías del puerto. En los últimos años se construyeron nuevos bloques de pisos. Cerca de la Rothesoodstrasse vemos una de las casas nuevas, que garantizan luz y aire. Completamente distinta era la estrechez del típico patio interior, en los Vorsetzen, que nos muestra Carl Schildt en 1885. Entonces había, en la parte más poblada de Hamburgo, patios de este estilo en abundancia. No extraña, que precisamente aquí, entre el Schaarmarkt y los Vorsetzen, el cólera produjera los mayores estragos.

Depuis qu'une grande partie de la «Neustadt» a été détruite par les bombes en 1943, on reparle toujours de logements près du port. Ces dernières années des immeubles neufs ont été construits près du Michel. Sur la Rothesoodstrasse nous voyons un de ces immeubles qui garantissent lumière et espace et qui tranchent sur l'étroitesse de la cour d'habitation que nous montre Schildt en 1885. De telles cours étaient très nombreuses dans ce quartier surpeuplé. Rien d'étonnant à ce que précisément ici, entre Schaarmarkt et Vorsetzen, le choléra ait fait tant de victimes en 1892.

Lithographie von Carl Schildt nach eigener Zeichnung

Hof-Leben · 1885

Verschaffen wir uns noch einmal einen Überblick über Stadt und Hafen aus der Höhe. Unter uns fließt die Norderelbe. Die Innenstadt mit ihren Kirchtürmen liegt zur Linken. Spielzeughaft klein liegt die Speicherstadt des Freihafens neben dem Zollkanal. Ganz rechts im Hintergrund die Elbbrücken. Und rechts unter uns die Insel Steinwerder mit der berühmten Werft von Blohm & Voss. Auch auf dem Steindruck aus der Zeit um 1880 entdecken wir im Vordergrund Blohm & Voss. Steinwerder war schon zu der Zeit eine reine Industrieansiedlung. Das zweite, das uns fesselt, ist die Sicht auf den Mastenwald vor dem Johannisbollwerk und den Vorsetzen. Links die St. Pauli-Landungsbrücken, auf der Anhöhe das Seemannshaus und gegenüber, auf dem Stintfang, die Seewarte. Wo sich heute die Freihafenspeicher am Zollkanal erstrecken, sehen wir hier noch kurz vor dem Abbruch die dichtgedrängten alten Häuser der Brook- und Wandrahminsel neben den Kaischuppen des Sandtorhafens liegen. Der Schiffsverkehr war um 1880 auf jährlich über 6 000 einkommende Schiffe gestiegen, davon waren noch mehr als 2 500 unter Segeln! Über den Hamburger Hafen verließen im gleichen Jahr 68 887 Auswanderer Europa in 153 Dampf- und 29 Segelschiffen.

Hamburgs Hafen und City aus der Vogelschau

Freigegeben LA HH 265/81

Let us take another look at the city and port from the air. Beneath us is the northern arm of the Elbe, to the left, the city centre with its towers and steeples. Along Zollkanal stand the freeport warehouses. Below right is the famous shipyard of Blohm & Voss on Steinwerder. This yard also appears in the picture from around 1880. At that time the sailing ships could be seen moored close together before Johannisbollwerk and Vorsetzen. The area where the freeport warehouses now stand was formerly occupied by the houses of people who worked in the port. In 1880 more than 6,000 ships called at Hamburg, over 2,500 of which were sailing ships.

Veamos la ciudad y el puerto otra vez a vista de pájaro. Debajo de nosotros corre el Elba Norte. A la izquierda está el centro de la ciudad con sus torres. Al lado del Zollkanal, la ciudad de almacenes del puerto franco. A la derecha, el famoso astillero Blohm & Voss en Steinwerder. También en la estampa hacia 1880 vemos este astillero. En aquellos tiempos atracaban apiñados los veleros en Johannisbollwerk y Vorsetzen. Donde hoy está la ciudad de almacenes vemos en aquellos tiempos las viejas casas cerca del puerto. En 1880 llegaron 6.000 barcos a Hamburgo de los cuales más de 2.500 eran veleros.

Regardons de nouveau d'en haut la ville et le port. A nos pieds coule l'Elbe. A gauche s'étend la ville avec ses clochers. A côté du Zollkanal, la ville d'entrepôts du port franc. A droite le célèbre chantier naval de Blohm & Voss à Steinwerder. Sur l'illustration de 1880 nous découvrons déjà ce chantier naval. A l'époque les voiliers se pressaient devant Johannisbollwerk et Vorsetzen. Là où se trouve aujourd'hui la ville d'entrepôts, nous voyons le quartier d'habitations jadis encore proche du port avec beaucoup de vieilles maisons. En 1880, 6.000 bateaux vinrent à Hambourg, dont 2.500 voiliers.

Lithographie der Lith. Anstalt F. W. Kähler

Hamburg vor dem Zollanschluss · Um 1880

Es soll Hamburger geben, die noch nie auf dem Turm des Michels gewesen sind. Was sie versäumt haben, genießen wir beim Umblick auf Stadt und Hafen in vollen Zügen. In südöstlicher Richtung erscheint unter uns die Neustadt, der Binnenhafen und die rote Speicherstadt des Freihafens. Ganz rechts der klotzige Kaispeicher A am Kaiserhöft. An der Stelle sehen wir auf dem alten Bilde um 1890 den damaligen Kaispeicher A, dessen Turm einen Zeitball trug. Dieses 1874 errichtete Gebäude, das der Volksmund »Kehrwiederspitze« nannte, war bis zu seiner Zerstörung im Zweiten Weltkrieg ein markantes Wahrzeichen des Hafens. Die Speicherstadt war um 1890 im Stile Wilhelminischer Backsteingotik vollendet worden. 19 000 Bewohner der Brook- und Wandrahminsel mußten vorher den Neubauten des Freihafens weichen, außerdem 5 000 von der Insel Steinwerder. Die Einrichtung des Freihafens brachte Hamburg in der Folgezeit den eigentlichen Durchbruch zum Welthafen. Wie sagte damals ein Zeitgenosse? »Der Zollanschluß wird unserer Stadt neue Lebensadern erschließen und die alten neu befruchten, so daß Hamburg in immer höherem Grade den Rang eines Emporiums des Welthandels, der ersten Handelsstadt des europäischen Continents behaupten wird.«

Blick vom Turm des Michels auf die Neustadt und den Freihafen

There are indeed many people in Hamburg who have never been up the "Michel". The view from this famous steeple should not be missed. To the south-east, one sees the Neustadt, Inner Harbour and freeport warehouses. On the extreme right is the huge warehouse at Kaiserhöft where, as shown in the picture from 1890, another warehouse stood: the "Kehrwiederspitze" which was a well-known feature in the port with its conspicuous tower. It was destroyed during the war. Hamburg's rise to a major international port is due in no small way to its freeport. 19,000 people had to leave their homes when the freeport warehouses were built.

Se dice que hay hamburgueses que nunca han subido a la torre del Michel. Nosotros no nos queremos perder la vista de la ciudad y el puerto. En dirección sureste, Neustadt, el puerto interior y la ciudad de almacenes. A la derecha, el gran almacén del muelle A junto al Kaiserhöft. Justamente allí vemos en la estampa, hacia 1890, el almacén del muelle que se llamó popularmente «Kehrwiederspitze». En la segunda Guerra Mundial se destruyó este edificio con su destacada torre. Para la construcción de la ciudad de almacenes tuvieron que trasladarse 19.000 personas. Gracias al puerto franco Hamburgo se convirtió en un puerto internacional.

Il y a, paraît-il, des Hambourgeois qui ne sont jamais encore montés dans le clocher du Michel. Nous ne voulons pas laisser échapper l'occasion de jeter un regard circulaire sur la ville et le port. Vers le sud-est nous apercevons la Nouvelle ville, le port intérieur et la ville d'entrepôts aux briques rouges. Tout à fait à droite l'entrepôt A au Kaiserhöft. C'est là que nous voyons sur l'illustration de 1890 l'ancien entrepôt baptisé dans le langage populaire «Kehrwiederspitze». Ce bâtiment avait été détruit pendant la 2e guerre mondiale. 19.000 personnes dûrent faire place à la ville d'entrepôts. C'est au port franc que Hambourg doit sa réputation mondiale.

Holzstich (anonym) nach Zeichnung von Carl Schildt

Die Bauten des Hamburger Freihafengebiets nach ihrer Vollendung · Um 1890

Rund 350 Liniendienste verbinden Hamburg mit gut tausend Häfen in aller Welt. Eine dieser Linien treffen wir an den St. Pauli-Landungsbrücken. Alle zwei Tage geht von hier in See die Englandfähre »Prinz Hamlet«, die Hamburg mit Harwich verbindet. Problemlos ist das Einschiffen. Die Autos fahren an Bord durch die aufgeklappte Heckpforte. Man nennt dies Roll-on/Roll-off-Verkehr. Wieviel weniger komfortabel war das Einschiffen doch vor über hundert Jahren! Das Bild von 1874 veranschaulicht dies auf fast dramatische Weise. War Ostwind auf der Elbe, dann konnten die HAPAG-Dampfschiffe wegen ihres Tiefganges im Hafen nicht voll beladen werden. Wir sehen hier Auswanderer, die von einem kleineren Zubringerschiff zu dem in Höhe von Stade ankernden Seeschiff gebracht werden. Ein Bild, das auf eines der dramatischen Kapitel des letzten Jahrhunderts ein Licht wirft: die Auswanderung nach Amerika! Hamburg war für Jahrzehnte einer der Hauptumschlagplätze für menschliche Schicksale. Die HAPAG, gegründet 1847, hatte in Hamburg den größten Teil am Auswanderergeschäft, dem sie denn auch ihren großen Aufstieg verdankte. Die HAPAG baute sogar eigene Hallen auf der Veddel, in denen vier- bis fünftausend Auswanderer auf die Einschiffung warten konnten. Bis 1899 hatten zweieinhalb Millionen Menschen über Hamburg die alte Heimat verlassen. Deutsche, Russen und Österreicher bildeten das Hauptkontingent derer, die ihr Glück in Übersee suchten.

Die England-Fähre »Prinz Hamlet« an den St. Pauli-Landungsbrücken

Some 350 line services link Hamburg with more than 1,000 ports throughout the world. One of these lines operates the "Prinz Hamlet" ferry to England which departs every second day from the St. Pauli Landing-Stages. There is no problem about embarkation: cars simply drive on through the stern port. How much more difficult embarkation used to be is apparent from this picture made in 1874. If a strong east wind was blowing, the HAPAG ships could not be fully loaded in the port and had to anchor level with Stade whilst emigrants to America were brought to them by feeder vessels.

Unos 350 servicios de línea unen Hamburgo con unos mil puertos de todo el mundo. Una de estas líneas es el transbordador a Inglaterra «Prinz Hamlet», que sale desde los St. Pauli-Landungsbrücken. El embarque no tiene problemas. Los autos entran por un portal a popa. Cuánta menos era la carga entonces nos lo muestra la estampa de 1874. Cuando había viento del Este no se podían cargar completamente los barcos de HAPAG; otros tenían que llevar el resto de la carga hasta los barcos que anclaban a la altura de Stade. El artista fijó la aglomeración durante el trasbordo en su estampa.

Près de 350 lignes relient Hambourg à un bon millier de ports dans le monde entier. L'une de ces lignes est celle du bac pour l'Angleterre «Prinz Hamlet» qui part du débarcadère de St. Pauli. Pas de problème pour les voitures: elles rentrent par la porte de derrière. L'illustration de 1874 nous montre combien le trafic d'embarquement était alors calme en comparaison. Par vent d'est les bateaux d'HAPAG ne pouvaient pas être entièrement chargés dans le port, des bateaux de correspondance amenaient les émigrants dans les bateaux ancrés à la hauteur de Stade. L'artiste a représenté ici la bousculade au moment où on change de bateau.

Holzstich (anonym) nach Zeichnung von Knut Ekvall, 1874

Ein Auswandererschiff der Hamburg-Amerikanischen Packetfahrt-Actien-Gesellschaft · 1874

Seit 1974 haben die Hamburger ihre Golden-Gate-Bridge, das Jahrhundertbauwerk Köhlbrandbrücke. Vier Jahre dauerte die Bauzeit der fast vier Kilometer langen Brücke im Herzen des Hafens. 53 Meter über dem Wasser liegt der Scheitelpunkt dieser gigantischen Stahlkonstruktion, beide Pylonen haben eine Höhe von 135 Meter. Das Bauwerk verbindet nicht nur die östlichen und westlichen Teile des Welthafens miteinander, sondern ist, zusammen mit dem drei Monate später fertiggestellten neuen Elbtunnel, ein wichtiges Glied für den Fernverkehr. Von Altona sehen wir über die Norderelbe auf den Köhlbrand, die Brücke und die Industriebauten. Der Kupferstich blendet über zweihundert Jahre zurück. Ebenfalls von Altona genießen wir den Blick auf den von Seglern belebten Strom und die linkselbische Inselwelt. Der Köhlbrand zeigt sich als verkehrsreicher Wasserarm. Links über den Inseln Schrevenhof, Roß und Neuhof wird die Silhouette von Harburg sichtbar, am Horizont erscheinen die Harburger Berge und ganz rechts die Inseln Spiekenwerder, Brandeswerder und Griesenwerder. Zur natürlichen Elblandschaft kontrastiert sehr eigentümlich im Vordergrund die Ansicht des Hauses, das von fein säuberlich geschnittenen Hecken umgeben wird. Ein Stück französischer Gartenkultur an der Elbe.

Die Köhlbrandbrücke, gesehen von Altona

Since 1974 Hamburg has had its own "Golden Gate Bridge": the Köhlbrandbrücke. It took four years to build and is about 2 miles long. The main supports rise to a height of 135 m. This is a view of the Köhlbrand and the bridge from Altona. The copper engraving takes us back 200 years. Likewise looking from Altona, we see shipping on the river and the islands on the other side of the Elbe. Already in those days the Köhlbrand was a busy branch of the Elbe. To the left, Harburg appears on the horizon. The house in the foreground with its closely trimmed hedges forms a marked contrast to the natural scenery of the Elbe.

Desde 1974 los hamburgueses tienen su Golden-Gate-Bridge: el Köhlbrandbrücke. Cuatro años duraron las obras del puente, de casi cuatro kilómetros de longitud, con sus dos pilones de 135 m de altura. Desde Altona vemos el Köhlbrand y su puente. El grabado de cobre nos retrocede doscientos años. También desde Altona disfrutamos de la vista del río con sus veleros, y de las islas. El Köhlbrand ya era entonces una activa vía fluvial. A la izquierda, en el horizonte, aparece Harburgo. Formando contraste con el paisaje del Elba está la casa, en primer plano, con sus setos podados.

Depuis 1974 les Hambourgeois possèdent leur Golden-Gate-Bridge: c'est le Köhlbrandbrücke. La construction de ce pont long de près de quatre kilomètres avec ses deux pylônes de 135 mètres de hauteur dura quatre ans. La gravure remonte à deux-cents ans plus tôt. Egalement d'Altona nous admirons le fleuve animé de bateaux et les îles sur la rive gauche de l'Elbe. Le Köhlbrand était déjà un bras d'eau au trafic important. A l'horizon à gauche on distingue Harbourg. La maison au premier plan avec ses haies bien taillées contraste avec le paysage naturel de l'Elbe.

Kupferstich von Gottlob August Liebe nach Zeichnung des Monogrammisten »J.G.B.«

Aussicht aus Altona auf die Elbe und deren Gegenden biss Haarburg · 1771

Wir setzen unsere Wanderung fort und kommen an die Elbe nach Neumühlen. Malerisch sind dort im Museumshafen seit einigen Jahren Oldtimer der Schiffahrt versammelt: Elbewer, Fischkutter und alte Schleppschiffe. Dominierend am Ufer der Klotz des Kühlhauses. Unter den Baumkronen am Ufer verstecken sich noch einige kleine Häuser und erinnern an die Zeit, als hier nur Schiffbauer, Lotsen und Schiffer – wie im benachbarten Övelgönne – ihr Zuhause hatten. Ungehindert geht der Blick auf der Aquarell-Ansicht von Neumühlen am Elbufer entlang bis zum Turm des Michels. Wir sehen Altonas Mastenwald in der Ferne, über dem Elbufer erhebt sich das Donnerschloß (ausgebombt im Zweiten Weltkrieg) und die Windmühle. Am Ufer promenieren fein gekleidete Damen und Herren, die Badekarren zeugen davon, daß man sich damals, um 1875, noch unbeschadet dem Elbwasser anvertrauen konnte. Aus den Gärten lugen einige Lauben hervor, die den Anblick des romantischen Elbufers noch gemütlicher erscheinen lassen. Das Aquarell ist eine Kopie nach einem Bild von Carl A. H. F. Oesterley, der in der Landschaftsmalerei zu den Großen seiner Zeit zählte. Neumühlen war damals übrigens ein in Hamburg beliebter Ort für Sommerfrischler. Wer es sich leisten konnte, mietete sich mit seiner Familie in eines der schmucken Häuschen ein und war doch seinen Geschäften nahe.

Der Museumshafen mit Veteranen der Schiffahrt in Neumühlen

Continuing our walk, we come to Neumühlen on the Elbe. Before the huge bulk of the refrigerated warehouse is the museum harbour with its veteran ships: Elbe barges, fishing cutters and old steam tugs. The old watercolour shows that in those days the view along the Elbe embankment was unimpeded as far as the "Michel" steeple. In the distance the forest of ships' masts can be seen at Altona. Well-dressed ladies and gentlemen stroll along the river bank, and the bathing huts indicate that the water of the Elbe was clean enough for bathing. In those days Neumühlen was a popular summer resort for the Hamburgers.

Seguimos nuestro paseo y llegamos al Elba, detrás de Neumühlen. Ante el gigantesco bloque del depósito frigorífico vemos el Museo Náutico con sus antigüedades: barcazas del Elba, pesqueros y viejos remolcadores a vapor. En la acuarela, hacia 1875, se aprecia una vista directa desde las orillas del Elba hasta la torre del Michel. Lejos, se ve el bosque de mástiles de Altona. Por la orilla se pasean damas y caballeros elegantes. Las carretas de baño muestran que entonces se podía bañar uno sin cuidado en el Elba. Neumühlen era entonces un sitio preferido para gozar el frescor del verano de Hamburgo.

Nous poursuivons notre randonnée et arrivons au bord de l'Elbe à Neumühlen. Devant l'énorme bloc de l'entrepôt frigorifique nous voyons le port-musée avec ses oldtimer de la navigation: gabares de l'Elbe, chalutiers et vieux remorqueurs. Sur l'aquarelle de l'époque autour de 1875 nous pouvons voir le long de l'Elbe jusqu'au clocher du Michel. Au loin la forêt des mâts à Altona. Sur la rive se promènent des dames et des messieurs élégamment vêtus, les charrettes de bain prouvent que l'on pouvait alors se baigner dans l'Elbe. Neumühlen était en ce temps-là une villégiature d'été appréciée.

Aquarell von Albert Sohnemann nach Zeichnung von Carl A.H.F. Oesterley

Ansicht von Neumühlen an der Elbe · Um 1875

Besucher Hamburgs sind immer wieder überrascht beim Anblick der steilen Geestabhänge hart am Ufer der Elbe. Aber auch für Hamburger ist es ein Erlebnis, den grünen Höhenzug von Blankenese aufragen zu sehen. Vom Strand her geht der Blick auf das ehemalige Fischerdorf mit dem Süllberg, der von unten nach oben terrassenförmig bebaut ist. Zahllose Treppenstiegen und winklige Twieten bilden ein wahres Labyrinth, das zu durchwandern sich sehr verlohnt. Oben, in einer Höhe von 85 Meter über der Elbe, die beiden Türme des Süllberg-Restaurants. Um 1827 bemerken wir, daß der Süllberg noch kaum bebaut ist. Nur an seinem Fuß und in halber Höhe erheben sich wenige Häuser. Kinder und Schweine baden in trauter Nachbarschaft. Vor dem Strand ankern die typischen Einmastschiffe mit ihrem schnabelförmigen Bug. Fischerei und Schiffahrt waren seit Jahrhunderten der Beruf der Blankeneser, die als ein trotziger Menschenschlag bekannt waren. »Sie zeichnen sich durch ihren starken, musculösen Gliederbau, durch ihr rauhes Wesen. . . aus, und bilden einen für sich abgesonderten Stamm. Unter den Frauen findet man manche Schönheit, und ihre Tracht ist originell. Die Mehrzahl von ihnen ist schwarz gekleidet, da sie meist einen Verwandten zu betrauern haben, denn die Blankeneser Männer sind die mutigsten und verwegensten Schiffer der Nordsee.« Soweit der »Hamburgische Tourist« von 1852.

Malerisches Labyrinth am Weltschiffahrtsstrom: Blankenese mit dem Süllberg

It is usually a matter of surprise for visitors to this part of the world to find so many hills. This certainly applies to Blankenese. Here we are looking at this former fishing village from the river bank. The hill we see is the Süllberg which is 85 m high. The building with two towers on the top is a restaurant. Around 1827 there were very few houses at Blankenese. Children and animals used to bathe together in the Elbe. Typical Blankenese boats with their pointed bows are anchored on the beach. For centuries the people here lived from fishing and shipping. A Blankenese woman in traditional costume can be seen in the foreground.

Para los visitantes de Hamburgo es siempre una sorpresa ver montañas en la llanura del Norte de Alemania. Así ocurre cuando ven Blankenese. Desde la playa asciende la mirada hacia el antiguo pueblo de pescadores: Arriba, a una altura de 85 metros, está la torre puntiaguda del restaurante Süllberg. Hacia 1827 estaba por edificar está zona. Niños y cerdos se bañaban juntos en el Elba. Delante de la playa anclaban los típicos barcos de Blankenese, con su proa en forma de pico. La pesca y la navegación eran desde siglos los oficios de los habitantes. En primer plano una mujer de Blankenese con su traje típico.

Le visiteur de Hambourg est toujours surpris de trouver des «montagnes» dans ce pays plat qu'est l'Allemagne du nord et notamment quand il voit Blankenese. Depuis la grève on aperçoit l'ancien village de pêcheurs. Là-haut, à 85 mètres d'altitude, la tourelle pointue du restaurant Süllberg. En 1827 ce quartier n'est pratiquement pas bâti. Des enfants et des cochons se baignent dans l'Elbe. Devant la plage sont ancrés les typiques bateaux de Blankenese avec leur proue en forme de bec. Pêche et navigation étaient depuis des siècles le métier des habitants de Blankenese. Au premier plan une habitante en costume régional.

Lithographie von Peter Suhr nach eigener Zeichnung

Der Elbstrand bei Blankenese · Um 1827

Auf der Wanderung durch »Hamburgs Elbnizza« überraschen auf Schritt und Tritt die wechselnden Motive, die Ausblicke und Durchblicke. Von der Oesterleystraße haben wir einen schönen Blick auf den Süllberg, die beiden Türme des dortigen Restaurants, den Geestabhang und den Elbstrom. Vom gleichen Standort aus sehen wir um 1827 den Süllberg und das Dorf Blankenese vorwiegend als unberührte Natur. Den Süllberg deckt eine große Heidefläche, Trampelpfade ziehen sich nach oben zum Plateau. Der »Hamburgische Tourist« von 1852 beschreibt die Aussicht vom Süllberg so: »Wir übersehen die ganze weite Wasserlandschaft; bis in die weiteste Ferne erblickt man Masten und Segel heraufkommender und absegelnder Schiffe, und der Himmel senkt sich am Horizont in einen blauen Spiegel herab.« 1837 wurde auf der Spitze des Süllberges ein erstes Wirtshaus gebaut. Bei den Bauarbeiten fand man Reste von der ersten Besiedlung des Berges aus der Mitte des elften Jahrhunderts. Erzbischof Adalbert von Bremen hatte zum Schutz des Elbüberganges eine Befestigung errichten lassen, die 1059 erstmals erwähnt wird. Aus der dort gegründeten Propstei, die den Blankenesern Schutz bieten sollte, entwickelte sich ein Räubernest, dessen Bewohner die Umgegend plündernd heimsuchten. Die drangsalierten Bauern stürmten die Burg und schleiften sie gründlich. Erst zweihundert Jahre später wurde wieder eine Burg auf dem »Sulleberg« erbaut.

Blick von der Oesterleystraße auf den Süllberg

Strolling through Blankenese one constantly comes across new scenes. From Oesterleystrasse we have a fine view of the Süllberg with its restaurant on top, and of the slopes and the Elbe. Around 1827 not a building stood on the Süllberg which was covered with heather. Paths led to the plateau on the top, from which one had a splendid panoramic view of the Elbe, both upstream and downstream, and far into Altes Land on the other side, which in those days belonged to the Kingdom of Hanover. It was not until 1837 that a restaurant was built on top of the Süllberg. During building work the remains of a settlement from the 11th century were discovered.

Durante el paseo por Blankenese nos sorprenden muy diversos motivos. Desde la Oesterleystrasse disfrutamos la bella vista hacia el Süllberg, las dos torres del restaurante, el declive y el Elba. Hacia 1827 vemos el Süllberg sin edificar cubierto de césped silvestre. Los senderos llegan hasta su cima. Desde allí se tiene una vista hermosa hacia el Elba, hacia Altes Land, a la otra orilla, que pertenecía, el pasado siglo al reino de Hannover. En 1837 se construyó en la cima de Süllberg un restaurante. Durante las obras se encontraron restos de un poblado del siglo XI.

Dans notre promenade à travers Blankenese nous sommes surpris par la variété des motifs. Depuis la Oesterleystrasse nous avons une belle vue sur le Süllberg, les deux tours du restaurant, le versant de la colline et de l'Elbe. Nous voyons le Süllberg en 1827 sans une seule maison et recouvert d'une épaisse couche de bruyère. Des sentiers mènent à son sommet d'où l'on avait une merveilleuse vue sur l'Elbe en amont et en aval, et bien au-delà du fleuve sur le Altes Land qui appartenait à la couronne de Hanovre. Ce n'est qu'en 1837 que fut construite une auberge au sommet du Süllberg. Lors des travaux on découvrit des vestiges d'habitat du XIe s.

Lithographie von Peter Suhr, vermutlich nach eigener Zeichnung

Der Süllberg bei Blankenese
mit der Aussicht über die Elbe · Um 1827

Von der weiten Elblandschaft in die enge Welt der Fleete. Diese Kanäle Hamburgs waren einst vorwiegend aus dem Alsterdelta entstanden. Sie waren mit der Zeit an den Ufern dicht bebaut worden mit Speichern, die die Güter aus aller Welt vom Hafen her aufnahmen. Das Nikolaifleet sehen wir von der Mattentwietenbrücke aus. Die Reimersbrücke erscheint im Bild, der Turm von St. Katharinen und links Hamburgs schwimmendes Theater »Das Schiff«. Links das moderne Hochhaus der bekannten Reederei »Hamburg-Südamerikanische Dampfschifffahrts-Gesellschaft«, kurz Hamburg-Süd genannt. Diese Gegend der Altstadt hatte im Zweiten Weltkrieg sehr gelitten, deshalb sehen wir auf dem Foto nicht mehr ein altes Haus. Da müssen wir schon die Radierung von 1906 zu Hilfe nehmen, um die Schönheit der alten Bebauung auf uns wirken zu lassen. An den vielen Schuten erkennen wir, daß die Fleete zu der Zeit noch echte innerstädtische Transportwege waren: mit schmalen, hohen Speicherbauten dicht besetzt. Wir erinnern vom Beginn unseres Streifzuges durch Gegenwart und Vergangenheit Hamburgs, daß das Nikolaifleet im Mittelalter der langsam aufblühenden Stadt als erster Hafen gedient hatte. Bereits im 15. Jahrhundert war dieser Wasserlauf für die tiefgehenden Frachtsegler zu klein geworden, und der Hafen entwickelte sich in den Bereich des späteren Binnenhafens, also von der Alster zur Elbe.

Das Nikolaifleet mit der Katharinenkirche

From the wide horizons of the Elbe landscape to the narrowness of the canals. Hamburg's canals originated mainly from the diverging branches of the Alster where it flowed into the Elbe. In the course of time buildings sprung up along their banks with warehouses for accommodating goods from the port. Here we see the Nikolaifleet from the Mattentwietenbrücke. Only the steeple of the St. Katharinen Church has survived. The beautiful etching by Albrecht Bruck shows how this area looked before the First World War. That the canals lined with warehouses were important transport routes is indicated by the number of lighters.

Del amplio paisaje del Elba, a la estrechez de los Fleete. Estos canales tienen su origen en el delta del Alster. Con el tiempo se construyeron almacenes en sus orillas, que guardaban la carga que venía del puerto. Vemos el Nikolaifleet desde la Mattentwietenbrücke. A izquierda y derecha edificios de oficinas. Solamente reconocemos hoy la torre de St. Katharinen de los viejos tiempos. El aguafuerte de Albrecht Bruck muestra cómo era este lugar antes de las Guerras Mundiales. En las barcazas vemos que los Fleete eran entonces verdaderas vías de transporte, jalonadas por almacenes.

Des espaces de l'Elbe aux étroits fleets. Ces canaux de Hambourg furent pour la plupart issus du delta de l'Alster. Au cours des temps y avaient été bâtis des entrepôts pour recueillir les marchandises du port. Nous voyons le Nikolaifleet depuis le Mattentwietenbrücke. A gauche et à droite de hauts bureaux. Seul le clocher de St. Katharinen nous est connu de jadis. La jolie gravure d'Albrecht Bruck nous montre l'aspect qu'avait ce quartier avant les deux guerres mondiales. Les gabares prouvent que les canaux étaient alors de véritables voies de transport bordées de hauts entrepôts.

Radierung von Albrecht Bruck, vom Juni 1906, nach eigener Zeichnung

Nikolaifleet und Reimersbrücke · 1906

Schon im vorigen Jahrhundert fingen die Hamburger an, einige ihrer Fleete zuzuwerfen. Spazieren wir von der Mattentwiete zum nahen Rödingsmarkt, so können wir uns nicht vorstellen, daß hier einmal ein Fleet gewesen sein soll. Statt dessen finden wir hier die eiserne Konstruktion des U-Bahnviaduktes. Peter Suhr zeigt uns tatsächlich kurz vor dem Brand von 1842 den Rödingsmarkt als Grachtenidyll. Wirklich ein Stück Holland in Hamburg! Die schmalen, hohen Bürgerhäuser, die gedrungenen Dächer der Haspelwinden am Ufer der Gracht, die Lindenbäume und die Pappeln. Man glaubt gern, daß niederländische Siedler einst Fleet und Straße angelegt hatten. Schon in der ersten Hälfte des 12. Jahrhunderts waren Kolonisten aus Holland und Friesland herbeigerufen worden, die dieses Marschgebiet gegen die ständigen Überschwemmungen eingedeicht, entwässert und bebaut haben sollen. Der Rödingsmarkt wird anno 1251 zuerst urkundlich erwähnt. Der Name »Markt« leitet sich von »Mark« (= Grenze bzw. begrenztes Stück Land) ab. Das Territorium gehörte im 13. Jahrhundert einem Rodiger oder Rodiges. Aus der »Gemarkung des Rodiger« bildete sich dann der Name Rödingsmarkt aus. Die meisten Brauer Hamburgs wohnten einst an diesem Fleet. Hamburg, das Brauhaus der Hanse genannt, hatte als Braustadt seine Blüte im 16. Jahrhundert. 527 Brauhäuser und 531 Braurechte brachten der Stadt damals hohen Wohlstand.

Der Rödingsmarkt an der Kreuzung Ost-West-Straße

Where Rödingsmarkt and Ost-West-Strasse meet, we come across the iron viaduct of the overhead railway. It is hard to believe what Peter Suhr shows us in the picture he made shortly before the Great Fire of 1842. A Dutch atmosphere pervaded Rödingsmarkt in those days where the street ran along either side of the canal with winches under bell-shaped housings on the banks. Tall, narrow houses stood on both sides. It is not difficult to believe that Dutch settlers designed this part of Hamburg. Already during the first half of the 12th century settlers from Holland and Friesland were brought here to drain the fens and build dykes.

En el cruce Rödingsmarkt/Ost-West-Strasse encontramos la construcción metálica del viaducto del metro. Es increíble lo que nos muestra Peter Suhr en su estampa de antes del Gran Incendio de 1842. ¡Un trozo de Holanda en Hamburgo! Pintorescamente cruza un canal con sus cabrestantes bajo los tejados en forma de campana. A ambos lados altas casas. Es fácil suponer que los holandeses hayan construido este Fleet y la calle. Ya en la primera mitad del siglo XII se trajeron colonos holandeses y frisones para desecar y poner diques a estas tierras fértiles de aluvión.

Au carrefour Rödingsmarkt/Ost-West-Strasse nous voyons la construction en fer du viaduc du métro aérien. A peine croyable ce que nous montre ici Peter Suhr sur sa gravure peu avant l'incendie de 1842. Un échantillon de Hollande à Hambourg! Un pittoresque gracht avec ses treuils abrités sous des toits campanulés traverse le Rödingsmarkt. D'étroites et hautes maisons bourgeoises des deux côtés. On n'a pas de mal à croire que des colons néerlandais ont jadis aménagé ce fleet et cette rue. Dès la première moitié du XIIe siècle des colons hollandais et frisons avaient été appelés pour assécher et endiguer cette région.

Lithographie von Peter Suhr nach eigener Zeichnung

Der Rödingsmarkt in Hamburg · 1842

Ganz nahe dem Rödingsmarkt verbindet das Mönkedammfleet noch das Alsterfleet mit dem Nikolaifleet. Nahe der Einmündung am Alsterfleet stehen wir am Mönkedamm und schauen über die Altenwallbrükke, vorbei am Hochbahnviadukt, das zum Rödingsmarkt führt, über die Häuser der Admiralitätstraße zum Michel. Ganz rechts die Graskellerbrücke, die das Alsterfleet überspannt. Dahinter ragen die Betonbauten der Behörde für Wirtschaft, Verkehr und Landwirtschaft auf. Die Altenwallbrücke, früher Schliekuthbrücke genannt, war 1841 in Stein erbaut worden, wurde dann 1844, nach dem Großen Brand, erhöht, verbreitert und mit einer Landungstreppe versehen. 1910 wurde die Brücke nochmals verbreitert. Um 1845 finden wir uns an gleicher Stelle wieder, jedoch tiefer, fast auf der Höhe des Fleetes: auf der 1844 angelegten Landungstreppe. Eine Schute, mit Ballen und Fässern beladen, wird von einem kräftigen Mann in Richtung Alsterfleet gestakt. Die Häuser ringsum, neuerbaut auf dem Grund des abgebrannten Alten Walles, erstrahlen im feinen Stil des Klassizismus. Die zweibogige Brücke wird verziert von einem gußeisernen Geländer; sie war in dieser Form ein Denkmal des hamburgischen Bauinspektors Johann Hermann Maack, der von 1838 bis 1868 viele schöne Brücken in Hamburg geschaffen hatte. Maack verwendete 1844 für die Verbreiterung der Altenwallbrücke Backstein, Klinker, Granit und Sandstein.

Die Altenwallbrücke am Mönkedamm, mit Blick auf den Michel

Even today the Mönkedammfleet near Rödingsmarkt flows into the wide Alsterfleet. Here we are standing at Mönkedamm and looking across towards the Altenwallbrücke and over the buildings at Admiralitätstrasse towards the "Michel". The Altenwallbrücke was built in stone in 1841 and three years later made higher and wider and provided with steps leading down to a small quay. The print from around 1845 shows the bridge as seen from this landing-point. The surrounding buildings have been put up since the Great Fire which destroyed all the houses along Alter Wall. A lighter carrying bales and barrels is being poled along the canal.

Muy cerca del Rödingsmarkt desemboca aún hoy el Mönkedammfleet en el ancho Alsterfleet. Estamos cerca del Mönkedamm y vemos más allá del Altenwallbrücke, pasando por el viaducto del metro, las casas de la Admiralitätstrasse y el Michel. El Altenwallbrücke fue construido de piedra en 1841, y en 1844 fue elevado, ensanchado y dotado de un embarcadero. Desde éste vemos, hacia 1845, el puente reconstruido. Las casas a su alrededor fueron nuevamente construidas sobre la base del Alter Wall. Una lancha con barriles y bultos es movida por un hombre fuerte que apoya una pértiga en el fondo del canal.

Tout près de Rödingsmarkt coule encore aujourd'hui le Mönkedammfleet dans l'Alsterfleet. Nous sommes à Mönkedamm et voyons au-delà du Altenwallbrücke le viaduc du métro aérien, les maisons de l'Admiralitätstrasse et le Michel. L'Altenwallbrücke, construit en pierre en 1841, fut surélevé, élargi et doté d'un escalier en 1844. De là nous voyons en 1845 le pont réaménagé. Les maisons autour ont été reconstruites à place de l'Alter Wall, détruit par les flammes. Un homme, muni d'une longue perche, qu'il enfonce jusqu'au fond du canal, fait avancer une gabare pleine de balles et de tonneaux.

Stahlstich von James Gray nach Zeichnung von Wilhelm Friedrich Wulff

Die Altenwallbrücke in Hamburg · Um 1845

Einen Steinwurf weiter und wir finden uns wieder auf der Stadthausbrücke. Von dort sehen wir auf das gebogene Düsternstraßenfleet, das sich im Herrengrabenfleet fortsetzt bis zum Baumwall am Hafen. Ganz rechts nochmal der Block der Behörde für Wirtschaft, Verkehr und Landwirtschaft. Im Mittelgrund die Ellerntorsbrücke, drittälteste Brücke der Stadt. Über dem Eckhaus Düsternstraße/Alter Steinweg erscheint die Turmhaube des Michels. Auch im Bilde von 1887 sehen wir eben die Turmspitze des Michels die schmalen, hohen Häuser der Düsternstraße überragen. Ebba Tesdorpf, die fleißige Zeichnerin des alten Hamburg, stand damals am Pferdeborn, einer Treppe, die vom Ende der Neustädter Fuhlentwiete ins Fleet führte. Eine Brücke wie heute gab es noch nicht. Die Stadthausbrücke wurde erst 1888 erbaut. Der Pferdeborn, als Bezeichnung übrigens in keinem Stadtplan enthalten, war eine Landestelle gewesen, die wahrscheinlich auch als Pferdetränke gedient hat. Die Ellerntorsbrücke war in drei Bogen aus Stein 1786 erbaut worden. Ihr Vorgänger war bereits 1668 beim Abbruch des Millerntores (auch Düstern- oder Ellerntor genannt) entstanden. Die Ellerntorsbrücke hat den Bombenkrieg gut überstanden. Nur die Häuser der Düsternstraße waren dem Erdboden gleich gemacht worden.

Die Ellerntorsbrücke an der Düsternstraße, drittälteste Brücke der Stadt

A stone's throw from here we come across the Stadthausbrücke where we have a view of the curving Düsternstrassenfleet. On the right are the offices of the Hamburg Authority for Trade and Industry. In the middle distance is the Ellerntorsbrücke, the third oldest bridge in Hamburg. In 1887 this area still had its old houses. A variety of half-timbered houses overlook the Düsternstrasse canal in which several fully laden lighters can be seen. The artist, Ebba Tesdorpf, must have been standing at "Pferdeborn", for the Stadthausbrücke was not built until the following year. The Ellerntorsbrücke was built in 1786 with three stone arches.

A pocos pasos encontramos el Stadthausbrücke, desde el que vemos el arqueado Düsternstrassenfleet. A la derecha del todo, el Ministerio de Economía hamburgués. Al fondo, en el centro, está el Ellerntorsbrücke, el tercer puente más antiguo de la ciudad. En el año 1887 vemos este lugar con la antigua edificación. Casas con paredes de entramado, irregularmente construidas, bordean la Düsternstrasse. En el canal hay varias lanchas a plena carga. Ebba Tesdorpf, la dibujante de esta estampa, se situó en el Pferdeborn (seguramente un abrevadero); el Stadthausbrücke no fue construido hasta en 1888.

A deux pas de là nous arrivons au Stadthausbrücke d'où nous voyons le sinueux Düsternstrassenfleet. A droite le bâtiment du service de l'économie. Au centre le Ellerntorsbrücke, le troisième plus ancien pont de Hambourg. Ce quartier a encore en 1887 ses vieilles constructions. D'irrégulières maisons à colombage bordent la rive de la Düsternstrasse. Plusieurs gabares chargées sont ancrées dans le fleet. Ebba Tesdorpf, qui a dessiné cette vue, se tenait alors au «Pferdeborn» (vraisemblablement un abreuvoir à chevaux), le Stadthausbrücke ne fut construit qu'en 1888. L'Ellerntorsbrücke, avec ses trois arches en pierre, l'avait été en 1786.

Autographie von Wilhelm Heuer nach Zeichnung von Ebba Tesdorpf

Ellernthor's Brücke vom Pferdeborn gesehen · 1887

Durch den Neuen Wall gelangen wir zur Adolphsbrücke, um von dort aus das Alsterfleet zu betrachten. Ein Rundfahrtboot der weißen Alsterflotte hat gerade die Schleuse verlassen mit Kurs auf die Schaartorschleuse, um in den Hafen zu fahren. Links die Fleetseite des Neuen Walles, rechts des Alten Walles. Im Hintergrund die Kleine Alster mit den Alsterarkaden. Ein ganz anderes Bild finden wir hier vor dem Großen Brande von 1842. Da säumen das breite, unregelmäßig verlaufende Fleet auf beiden Seiten hohe, zum Teil windschiefe Fachwerkhäuser. Im Hintergrund die Kleine Alster, die dort, wo heute die Reesendammbrücke ist, von der Alten und Neuen Wasserkunst begrenzt wird. In der Ferne der Turm der Dreieinigkeitskirche von St. Georg. Die Wasserfläche ist übersät von Frachtewern, Dückdalben und Schlengeln, auf denen Frauen Wäsche waschen. Die typische Ansicht einer alten Stadt, die am Wasser gebaut hat. Die linke Häuserreihe gehört zum Voglerswall. Dort, im Haus Nr. 92, hatten die drei Brüder Suhr das Licht der Welt erblickt, die später dann ihre Heimatstadt so fleißig in Panoramen, Kupferstichen und Lithographien darstellten, daß man sie die Schrittmacher der Hamburgensie nennen kann. Anstelle des Voglerswalles erheben sich heute an der Kleinen Alster die Alsterarkaden.

Blick von der Adolphsbrücke auf das Alsterfleet

It is not very far to the Adolphsbrücke where we have a good view of the Alsterfleet canal and the Alsterarkaden. A sightseeing boat has just passed through the lock. Things looked completely different here before the Great Fire of 1842. As the lithograph shows, Hamburg still had much of a medieval appearance. Crooked, half-timbered houses lined both sides of the canal. In the background is the Small Alster, and in the distance, the steeple of the Dreieinigkeitskirche in St. Georg. The canal presents a lively scene with its barges, dolphins and rafts, on which women do their washing. This part of Hamburg was also completely destroyed by the Fire.

No muy lejos del Adolphsbrücke vemos el Alsterfleet y las Alsterarkaden. Un barco con rumbo hacia el puerto acaba de dejar la esclusa. En el mismo sitio encontramos una estampa completamente distinta de antes del incendio de 1842. Entonces Hamburgo parecía una ciudad de la Edad Media. Casas con paredes de entramado, bordean los dos lados del canal. En el fondo el Kleine Alster, y en la lejanía la torre de la Dreieinigkeitskirche en St. Georg. El canal está animado por barcazas, caballetes de amarre y balsas. Algunas mujeres lavan la ropa. Esta parte de la ciudad también fue pasto de las llamas.

Non loin de là, l'Adolphsbrücke d'où nous voyons l'Alsterfleet et les Alsterarkaden. Un bateau d'excursion vient juste de quitter l'écluse en direction du port. Le même endroit quelques années avant l'incendie de 1842 se présente sous un jour tout à fait différent. Hambourg avait encore un aspect médiéval. Des maisons à colombage toutes de travers bordent le fleet des deux côtés. Au fond la Petite Alster et au loin le clocher de l'église de la Trinité à St. Georg. Gabares, ducs d'albe et radeaux sur lesquels des femmes lavent le linge animent le fleet. Ce quartier disparut aussi dans la mer de flammes en 1842.

Lithographie von Adolph Friedrich Vollmer nach eigener Zeichnung

Ansicht von der Scheelengangsbrücke · Um 1840

Und nun weiter zur Kleinen Alster. Von den Alsterarkaden aus übersehen wir diesen Teil der Alster zwischen dem Ehrenmal und der Reesendammbrücke. Neben der Schleusenbrücke ragt die Muschelkalk-Stele des 1931 errichteten Ehrenmals für die Gefallenen des Ersten Weltkrieges auf. Die Wasserseite der Stele schmückt ein Relief von Ernst Barlach mit der Darstellung einer trauernden Mutter. Am Reesendamm die neue, breite Treppenanlage hinab zum Wasserspiegel der Kleinen Alster. Die Öffnung des Rathausmarktes zum Wasser hin wurde 1981/82 in die Wirklichkeit umgesetzt. Am Rathausmarkt erheben sich die gläsernen Pavillons, die mit der 1982 vollendeten Umgestaltung des Platzes entstanden waren. Über dem Fölschblock der Turm von St. Petri. Drehen wir das Zeitrad wiederum zurück, so erblicken wir 1828 die Kleine Alster als breiten Wasserarm, der einen guten Teil der Fläche einnahm, auf der später der Rathausmarkt angelegt wurde. Der Blick ist von Peter Suhr aus dem Voglerswall aufgenommen worden. Im Vordergrund die Spülbäume der Kattunbleicher, die auch von Hausfrauen für die große Wäsche benutzt wurden. Von der Neuen Wasserkunst schäumt das aufgestaute Wasser der Binnenalster heran. Rechts im Bild gewahren wir das breit hingelagerte Schlachthaus nahe dem Johanniskloster. Genau an der Stelle steht heute zwischen Plan und Hermannstraße der Fölschblock.

Die Kleine Alster mit dem Ehrenmal am Rathausmarkt

And now to the Small Alster. From the Alsterarkaden we can look down on this part of the Alster between the Reesendammbrücke and the column of the War Memorial which was erected in 1931 to commemorate the fallen of the First World War. At Reesendamm the newly constructed, wide, stone stairway leads to the redesigned City Hall Square (work completed 1982), which now represents another focal point of urban activity. 150 years ago the Small Alster covered the area which later became the Rathausmarkt (City Hall Square). In the background, we see the steeples of the St. Petri (right) and St. Jakobi churches.

Volvamos al Kleine Alster. Desde las Alsterarkaden abarcamos de una ojeada esta parte del Alster, entre la columna conmemorativa y el Reesendammbrücke. La columna fue construida en 1931, en conmemoración de los caídos en la primera Guerra Mundial. En Reesendamm se encuentra la nueva escalinata, terminada en 1982; un nuevo centro urbano, junto con la reformada plaza del Ayuntamiento. Volviendo a tiempos pasados vemos, antes del incendio de 1842, el Kleine Alster que entonces cubría una gran parte de la futura Plaza del Ayuntamiento. Al fondo las torres de St. Petri (a la derecha) y de St. Jakobi.

Poussons maintenant jusqu'à la Petite Alster. Des Arcades nous apercevons cette partie de l'Alster entre le monument aux morts et le Reesendammbrücke. Cette stèle a été placée là en 1931 en mémoire des morts de la première guerre mondiale. Au Reesendamm le nouvel et large escalier, achevé en 1982 qui, avec la place réaménagée de l'Hôtel de ville, est devenu un nouveau point de rencontre populaire au centre de la ville. Nous voyons en 1828 la Petite Alster qui recouvrait une grande partie de la future place. Au fond St. Petri (à droite) et St. Jakobi.

Lithographie von Peter Suhr nach eigener Zeichnung

Die kleine Alster in Hamburg
vom Voglerswall gesehen, vor dem großen Brande · 1828

Die Kleine Alster mit den Alsterarkaden und der Rathausschleuse

Von der Treppenanlage am Reesendamm haben wir den entgegengesetzten Blick, der uns die Schleusenbrücke zwischen Rathausmarkt und Alsterarkaden zeigt. Die Rathausschleuse mit ihren beiden Schleusenkammern und dem Freigerinne mißt eine Breite von 41 Meter. Schiffe bis zu einer Länge von 35 Meter können hier durchgeschleust werden. Das Rundfahrtschiff nähert sich gerade der Schleuse; es wird nur vier Minuten des Schleusens bedürfen, und das Schiff kann seine Fahrt in Richtung Hafen fortsetzen. Links die Stele des Ehrenmales, im Hintergrund die neuen Alsterarkaden, eine moderne Fortsetzung der alten Arkaden über die Schleusenbrücke hinaus. Links wird die Viertelkreistreppe sichtbar, die bald nach dem Großen Brand hier angelegt worden war, um Rathausmarkt und Kleine Alster nach Art der venezianischen Piazzetta miteinander zu verbinden. Der Entwurf des Rathausmarktes stammte von den Baumeistern Gottfried Semper (1803–1879) und Alexis de Chateauneuf (1799–1853). Um 1845 erblicken wir das gerade fertiggestellte neue Hamburg, das sich innerhalb weniger Jahre aus den Ruinen des verbrannten alten Stadtviertels erhob. Eine Neuerung war die direkte Verbindung vom Rathausmarkt zur Poststraße: die Schleusenbrücke mit der Schifffahrtsschleuse. Beide Bauwerke waren ein Werk des Bauinspektors Maack, dessen Altenwallbrücke wir bereits kennengelernt hatten.

From the steps at Reesendamm we have a view in the other direction of the Schleusenbrücke, beneath which is a lock with a width of 41 m. A sightseeing cruiser is approaching and will take four minutes to pass through the lock. On the right, the Alsterarkaden, and on the left, the crescent-shaped stairway at the foot of the War Memorial. The old print shows the Small Alster and Alsterarkaden around 1845, soon after a new city centre had risen again from the ashes of the Great Fire. The Schleusenbrücke linked the Rathausmarkt with Poststrasse, representing a considerable change to Hamburg's infrastructure.

Desde la escalinata de Reesendamm vemos a la inversa el puente de la esclusa. La esclusa tiene una amplitud de 41 metros. El barco de paseo se acerca en este momento a ella. En cuatro minutos habrá pasado por la esclusa, para poder seguir su ruta hacia el puerto. A la derecha las Alsterarkaden y, a la izquierda, la escalera en forma de cuadrante junto al monumento. Hacia 1845 vemos el Kleine Alster con las Alsterarkaden, después de ser reconstruido el centro de la ciudad de las ruinas del Gran Incendio. El puente de la esclusa unió la Plaza del Ayuntamiento con la Poststrasse: una reforma fundamental en la infraestructura de Hamburgo.

Depuis le nouvel escalier au Reesendamm nous avons une vue inverse qui nous montre le Schleusenbrücke. L'écluse a une largeur de 41 mètres. Le bateau d'excursion est juste en train de s'en approcher. Il la passera en quatre minutes avant de poursuivre sa route vers le port. A droite les Arcades de l'Alster, à gauche l'escalier près du monument aux morts. Nous voyons la Petite Alster avec les Arcades après que le nouveau centre eut ressurgi des ruines du grand incendie. Le Schleusenbrücke reliait la place de l'Hôtel de ville à la Poststrasse: innovation importante dans l'infrastructure de Hambourg.

Stahlstich von James Gray nach eigener Zeichnung

Die Schleusenbrücke in Hamburg · Um 1845

Der Gerhart-Hauptmann-Platz lädt in der City zum Verweilen ein. Nahe der turbulenten Mönckebergstraße gelegen, präsentiert sich dieser Platz seit 1974 als Fußgängerzone. Links erhebt sich das 1974 fertiggestellte Gebäude der Hamburgischen Landesbank mit der in zwei Ebenen verlaufenden Einkaufspassage der »Landesbank-Galerie«. Vor dem Eingang der Galerie der zweistöckige gläserne Pavillon des Informationszentrums »Hamburg Tip«. Im Hintergrund ragt die Jakobikirche über die Mönckebergstraße, sie wurde nach der Zerstörung im Zweiten Weltkrieg von den Architekten Hopp und Jäger 1959 bis 1961 mit einem neuen Turm versehen. Im Jahre 1946 hatte man diesen Platz zu Ehren des schlesischen Dichters umbenannt, bis dahin hatte er Pferdemarkt geheißen. Schon im Jahre 1266 wurde der »horse-market« urkundlich erwähnt, er ist einer der ältesten Plätze Hamburgs. Das Bild aus der Zeit um 1832 führt uns den Pferdemarkt von einst vor Augen. Fachwerkhäuser umgeben den weiten Platz. Der Blick geht frei auf die Jakobikirche, die, nachweislich schon anno 1255 existent, 1827 von Professor Fersenfeldt die neue, bleistiftförmige Turmspitze erhalten hatte, die dann am 18. Juni 1944 den Bomben zum Opfer fiel. Auf dem Markt sehen wir die zum Appell angetretenen Nachtwächter, die nach holländischem Vorbild militärisch organisiert waren. Die Nachtwächterwache stammte von 1790 und wurde 1854 abgebrochen, nachdem das Nachtwächterkorps 1852 aufgelöst worden war.

Fußgänger-Oase Gerhart-Hauptmann-Platz nahe der Mönckebergstraße

Gerhart Hauptmann Platz has been a pedestrian zone since 1974. On the left is the Hamburgische Landesbank precinct which was completed in 1974. This comprises a shopping arcade on two floors – the "Landesbank Galerie". In front of this is the glass-panelled information pavilion, "HamburgTip". Up to 1946, this square was called Pferdemarkt (= horse market). It was already referred to as such in 1266 and is one of the oldest squares in Hamburg. The picture from around 1832 shows the Pferdemarkt with its beautiful timber-frame houses. In those days the night-watchmen paraded here every night for roll-call.

La Gerhart-Hauptmann-Platz se ha convertido desde 1974 en zona peatonal. A la izquierda se eleva el Hamburgische Landesbank que se terminó de construir en 1974, y el pasaje de tiendas, la Landesbank Galerie, de dos plantas. Delante está el pabellón de cristal del centro de información, HamburgTip. Hasta su cambio de denominación en 1946 se llamaba la plaza el Pferdemarkt. La «horsemarket», era una de las plazas mas antiguas de Hamburgo citada ya en 1266. La estampa de 1832 nos muestra el Pferdemarkt con sus bonitas casas de entramado. En la plaza del mercado los serenos aparecen en formación militar.

La Gerhart-Hauptmann-Platz est devenue depuis 1974 une zône réservée aux piétons. A gauche s'élève le bâtiment achevé en 1974 de la Hamburgische Landesbank avec le passage commerçant s'étendant sur deux étages, la «Landesbank-Galerie». Devant la galerie, le pavillon en verre du syndicat d'initiative «Hamburg Tip». La place s'appela jusqu'en 1946 «Pferdemarkt». C'est une des plus anciennes places de Hambourg et est mentionnée dès 1266. Cette vue de 1832 nous montre le Pferdemarkt avec ses jolies maisons à colombage. Les veilleurs de nuit se sont rassemblés sur la place pour l'appel; ils étaient organisés militairement.

Lithographie von Peter Suhr nach eigener Zeichnung

Die Jacobi Kirche und der Pferdemarkt mit der Nachtwächter Wache in Hamburg · Um 1832

Im Zuge urbaner Erneuerung war 1975 der Gertrudenkirchhof nahe dem Gerhart-Hauptmann-Platz auch in eine Fußgängerzone umgewandelt worden. Wir sehen diesen beinahe stillen City-Winkel, der nur wenige Schritte von der hektischen Mönckebergstraße entfernt ist. Viel Grün war hier angesiedelt worden, um ein wenig Natur ins Stadtbild zu bringen. Peter Suhr zeigt uns, wie es hier 1830 ausgesehen hat. Da erhob sich die 1392 erbaute St. Gertruden-Kapelle, die dann beim Brand von 1842 ebenfalls ein Raub der Flammen wurde. Ein Zeitgenosse beschreibt die Kapelle als »zierlichen, gotischen Bau, der durch sein rundes, mit hochstrebender Dachreiterspitze geziertes Kupferdach einen ebenso eigenthümlichen wie anmuthenden Anblick gewährt.« Die Kapelle wurde nicht wieder aufgebaut. Die Hälfte ihres Vermögens wurde später, 1885, zur Errichtung der Backsteinkirche St. Gertrud am Kuhmühlenteich auf der Uhlenhorst verwendet. Die Kapelle St. Gertruden diente anfangs als Begräbniskirche, vorwiegend den Mitgliedern der »Brüderschaft der Elenden« und der »Brüderschaft der Mauerleute«, später, nach Einführung der Reformation, wurde sie von Grund auf renoviert und für den lutherischen Gottesdienst eingerichtet. Suhr hat im Vordergrund seiner Kirchenansicht einen Schornsteinfeger mit zwei Lehrlingen dargestellt, rechts im Hintergrund die Lilienstraße.

Der Gertrudenkirchhof nach seiner Umgestaltung zur Fußgängerzone

Gertrudenkirchhof near Gerhart Hauptmann Platz was also transformed into an "oasis" for pedestrians in 1975. Trees and shrubs were planted here to give the city centre a touch of Nature. In 1830 the St. Gertruden Chapel stood here. It was built in 1392 and fell victim to the Great Fire of 1842. At first the chapel was used for funeral services, and later, after the Reformation, was completely renovated and adapted for Lutheran services. The chapel was not rebuilt after the Fire, but a St. Gertrud church was built in 1885 at Kuhmühlenteich in Uhlenhorst.

El Gertrudenkirchhof cerca del Gerhart-Hauptmann-Platz también fue transformado en un oasis para peatones. Para tener un poco de Naturaleza en la city se plantaron superficies verdes. Hacia 1830 se erigió en esta plaza la St. Gertruden-Kapelle, que fue construida en 1392 y destruida por el Gran Incendio en 1842. Al principio servía la capilla para los funerales, y después de la Reforma fue completamente transformada para el culto luterano. Después del incendio la capilla no fue reconstruida aquí, sino junto al Kuhmühlenteich en el barrio Uhlenhorst como iglesia St. Gertrud, en 1885.

Le Gertrudenkirchhof, près de la Gerhart-Hauptmann-Platz, fut lui aussi transformé en 1975 en zône piétonne. Beaucoup d'arbres et de buissons furent plantés pour en faire une oasis de verdure au cœur de la city. Vers 1830 s'élevait ici la chapelle Ste. Gertrude construite en 1392 et détruite par le grand incendie en 1842. Elle servit au début d'église d'inhumation puis, après la Réforme, fut entièrement restaurée et aménagée pour le culte luthérien. Elle ne fut pas reconstruite ici mais sous le nom d'église Ste. Gertrude au Kuhmühlenteich à Uhlenhorst en 1885.

Lithographie von Peter Suhr nach eigener Zeichnung

Die St. Gertruden Kapelle in Hamburg · 1830

An der Ecke Kurze Mühren/Spitalerstraße erhebt sich das 1960 erbaute Verwaltungsgebäude von »Hein Gas«, wie die Hamburger ihre Gaswerke zu nennen pflegen. Die Spitalerstraße, heute eine der belebtesten Einkaufsstraßen der City, war einst so benannt worden, weil sie zu dem vor der Stadt in St. Georg liegenden Spital führte. Ihr vorgelagert war das Spitalertor. Marie Zacharias hat uns vom Innenhof des St. Hiobshospitals ein stimmungsvolles Bild hinterlassen, dessen Stille uns gefangen nimmt. Links im Hintergrund der Dachreiter des Hospitals. Den Innenhof hätten wir heute auf der bebauten Fläche des Gebäudes von »Hein Gas« zu suchen. Alles ist hier verändert. Der Oberalte Hans Treptow hatte anno 1505 für die Ärmsten der Armen »dat Elende Hus« mit dem Namen St. Hiobshospital an der Spitalerstraße gegründet. Die Spitalordnung von 1510 regelte sehr streng die Pflichten der Heiminsassen. 1743 wurde das Stiftsgebäude, damals »Pockenhaus« genannt, in Fachwerk, mit Turm und Kirche, neu erbaut. Das Spital mit seinen umliegenden Häusern sehen wir auf dem schönen alten Bild 1885, in dem Jahr, als das Hiobshospital abgebrochen wurde. Schon 1816 waren die Hiobs-Kranken in das Kurhaus an der Binnenalster verlegt worden, im Hospitalgebäude wurden Freiwohnungen für alte Frauen geschaffen. Nach 1882 bezog das Stift sein neues Gebäude, Bürgerweide 25, im Stadtteil Borgfelde. Noch heute heißt es Hiobs-Hospital.

Das Gebäude von »Hein Gas« an der Ecke Spitalerstraße

The Hamburg Gas Works Head Office has stood at the corner of Kurze Mühren and Spitalerstrasse since 1960. In the past this was the site of the St. Hiobs Hospital which was founded in 1505 for the poorest of the poor. The hospital was rebuilt in 1743 and surmounted by an open cupola. We see the hospital and its buildings in 1885: a quiet corner of Old Hamburg. This was the year it was demolished. The people being cared for in this hospital had already been moved to the "Kurhaus" in 1816 and the building was then used as an old people's home until 1882 when the occupants were moved to another home in Borgfelde.

En la esquina Kurze Mühren / Spitalerstrasse está la Administración de la compañía del Gas de Hamburgo. Antes estaba aquí el St. Hiobshospital, establecido en 1505 para los pobres. El edificio fundacional, con su bonito caballete, fue reconstruido en entramado en 1743. Hacia 1885 vemos el hospital con las casas a su alrededor: un rincón tranquilo del antiguo Hamburgo. En el mismo año se derribó el edificio. Los ocupantes del hospital ya habían sido trasladados para entonces al asilo de ancianas. En 1882 se trasladó definitivamente el asilo al barrio de Borgfelde.

Au coin Kurze Mühren/Spitalerstrasse se trouve depuis 1960 le bâtiment administratif du Gaz de Hambourg. Jadis s'élevait ici l'Hôpital St. Job, fondé en 1505 pour les pauvres. En 1743 cet hospice avec son joli lanternon fut reconstruit à colombage. Nous le voyons avec les maisons environnantes ver 1885; un havre de paix dans le vieil Hambourg. Il fut démoli la même année; les pensionnaires de cet établissement avaient été transférés dès 1816 au «Kurhaus». Dans les derniers temps il servait à loger des vieilles femmes. En 1882 l'hospice s'installa à Borgfelde.

Lichtdruck nach einer Zeichnung von Marie Zacharias

St. Hiobs-Hospital · 1885

Nahe dem Hauptbahnhof liegt die Altmannbrücke. Von dort haben wir den Blick auf die Steinstraße. Rechts an der Ecke Lange Mühren das Parkhaus des Kaufhauses Horten von 1968. Dahinter das Parkhaus vom Kaufhof. Ganz links eines der Cityhäuser am Johanniswall. Im Jahre 1854 haben wir auf der damaligen Altmannshöhe, die vom Landschaftsgärtner Altmann aus der ehemaligen Bastion Sebastian geschaffen worden war, einen erhöhten Standpunkt, um auf die Steinstraße zu sehen. Wo heute das runde Parkhaus steht, erscheint damals das ebenfalls rund angelegte Gebäude der 1855 eröffneten Neuen Wasch- und Badeanstalt. Diese Anstalt war ein sozialer Fortschritt für die minderbemittelten Bewohner der Altstadt, die hier gegen geringes Entgelt Wannenbäder nehmen und auch ihre Wäsche waschen und plätten konnten. Die Steinstraße war seit ältester Zeit eine Hauptverkehrsader Hamburgs, Teil jener Landstraße, über die der Frachtverkehr von Leipzig, Braunschweig, Lüneburg und umgekehrt aus Mecklenburg und Lübeck rollte. Schon im Jahre 1273 wird die Steinstraße als steinerne Gasse erwähnt und ist sicher Hamburgs erster gepflasterter Straßenzug. Die Steinstraße wird belebt von Fußgängern, Karrenschiebern, Pferdedroschken und großen Planwagen, die damals den »Frachtverkehr per Axe« abwickelten. Die Hamburger Statistik meldet zum Beispiel für das Jahr 1854 genau »258 725« Ein- und Auspassagen« beladener Frachtfuhrwerke.

Blick von der Altmannbrücke auf die Steinstraße

Near Central Station we find the Altmannbrücke. From here we have a view of Steinstrasse. On the right are two multi-storey car parks belonging to department stores in Mönckebergstrasse. The print provides a view of Steinstrasse from the Altmannshöhe in 1854. On the site of the present-day car park we see the likewise circular-shaped building which housed the public baths. Steinstrasse had been a principal thoroughfare in Hamburg from early times, forming part of the main highway leading to the Baltic. As early as 1273 Steinstrasse was mentioned in the records as a stoney alley-way, and certainly counts as Hamburg's first paved street.

Cerca de la estación central hallamos el Altmannsbrücke. Desde allí vemos la Steinstrasse. A la derecha, los estacionamientos de los grandes almacenes en la Mönckebergstrasse. En 1854 vemos desde la Altmannshöhe la Steinstrasse. Donde hoy está el estacionamiento de construcción circular, se podían ver antiguamente las instalaciones de baños y piscinas (también de construcción redondeada). La Steinstrasse fue siempre una arteria principal de Hamburgo, y parte de ésta era carretera, por la que rodaba el tráfico del interior al Mar Báltico. Ya en el año 1273 la Steinstrasse fue nombrada como calleja de piedra.

Près de la gare nous trouvons l'Altmannbrücke. De là nous apercevons la Steinstrasse. A droite les garages des grands magasins de la Mönckebergstrasse. Depuis Altmannshöhe nous voyons en 1854 la Steinstrasse. Là où se trouve aujourd'hui le garage circulaire, il y avait jadis l'établissement de bains, également circulaire. La Steinstrasse fut de tout temps une des artères principales de Hambourg, une partie de la route sur laquelle passait le trafic de l'intérieur des terres à la Baltique. Dès 1273 elle est mentionnée comme ruelle en pierre, elle fut certainement la première rue pavée de la ville.

Lithographie von Wilhelm Heuer nach eigener Zeichnung

Steinstrasse und neue Wasch- und Bade-Anstalt · 1854

Gehen wir durch die Steinstraße, Speersort und Rathausstraße zur Großen Johannisstraße, so bleiben wir auf der Hauptverkehrsader des alten Hamburg. Von der Seitenfront des Rathauses sehen wir auf den Rathausmarkt mit den Einmündungen der Rathaus-, Mönckeberg- und Hermannstraße. Über der Rathausstraße erscheint die Turmpyramide von St. Petri. Dieser Turm ist der einzige vertraute Punkt in dem Bilde Peter Suhrs von 1829. Aus einem Labyrinth winkliger Gassen erhebt sich das Kirchenschiff von St. Johannis, ein hoher gotischer Bau des 15. Jahrhunderts. Die Johanniskirche – sie nahm mit den Klostergebäuden die halbe Fläche des heutigen Rathausmarktes zwischen Plan, Rathausstraße und Rathausportal ein – gehörte zum Johanniskloster, das Graf Adolf IV. von Schauenburg in den Jahren nach 1227 den Dominikanern erbauen ließ. Nach der Reformation wurde das Kloster aufgelöst und den Nonnen des ebenfalls aufgehobenen Klosters Harvestehude, sofern sie nicht zum lutherischen Glauben übergetreten waren, zur Wohnung angewiesen. In anderen Teilen des Klosters gründete Johann Bugenhagen anno 1529 das Johanneum als die erste humanistische Schule Hamburgs. Die Halle der Johanniskirche diente während der Franzosenzeit als Lebensmittelmagazin; nach der Befreiung bis zum Abbruch 1829 war sie Exerzierhalle für das Bürgermilitär. Ganz links das Haus der 1765 gegründeten Patriotischen Gesellschaft.

Die Große Johannisstraße mit Blick zum Rathausmarkt

From where we are standing in Grosse Johannisstrasse near the City Hall we can see the Rathausmarkt where Rathausstrasse, Mönckebergstrasse and Hermannstrasse merge. The area looked very different in 1829 when Peter Suhr depicted it. In the midst of a maze of narrow streets stood the St. Johannis church, a tall, Gothic edifice from the 15th century, which together with its monastery buildings covered half of the present-day City Hall square. The monastery was built for the Dominicans around 1227 by Count Adolf IV of Schauenburg. After the Reformation the Johanneum was founded here. All the buildings were demolished in 1829.

Estamos en la Grosse Johannisstrasse, junto al Ayuntamiento, en cuya plaza desembocan la Rathausstrasse, Mönckebergstrasse y Hermannstrasse. En la estampa de Peter Suhr de 1829 este lugar parece completamente distinto. La nave de St. Johannis, una construcción gótica del siglo XV, emerge del laberinto de callejas tortuosas. Junto con el convento, ocupaba la Johanniskirche la mitad del actual Ayuntamiento. El Conde Adolfo IV de Schauenburgo hizo construir este convento a los dominicos en 1227. Después de la Reforma se estableció el Johanneum. En 1829 se derribaron todos estos edificios.

Dans la Grosse Johannisstrasse, près de l'Hôtel de ville, nous voyons la place avec les trois rues qui y débouchent. Ce quartier a un tout autre aspect sur l'illustration de Peter Suhr de 1829. Dans le labyrinthe de ruelles tortueuses s'élevait l'église St. Johannis, une haute construction gothique du XVe s. Avec les bâtiments du monastère, l'église occupait la moitié de la surface de l'actuelle place de l'Hôtel de ville. Le comte Adolf IV von Schauenburg avait fait construire ce monastère aux dominicains après 1227. Après le Réforme fut fondé ici le Johanneum. Tout fut démoli en 1829.

Lithographie von Peter Suhr nach eigener Zeichnung

Die St: Johannis Kirche in Hamburg
von der grossen Johannis Strasse gesehen · 1829

Nur einige wenige Schritte in Richtung Großer Burstah, und wir haben schon das nächste Motiv vor Augen. Wir stehen am Seitenflügel der Börse und sehen in den Großen Burstah, der überragt wird vom Hochhaus der Allianz-Versicherung. Rechts an der Ecke Adolphsplatz das Gebäude der Hamburger Sparkasse. Um 1832 sah dieser historische Teil der Stadt ganz anders aus. Wo heute die Kassenhalle der Hamburger Sparkasse das Fleet überbaut (siehe Seite 92, links auf dem Foto), bemerken wir auf dem alten Bild die großen Mühlenräder. Sie gehören zur Herrenmühle, der ältesten Wassermühle Hamburgs. Herrenmühle hieß sie, weil sie früher im Besitz der Stadtherren, der Grafen von Schauenburg, war. Die erste Mühle war im 15. Jahrhundert abgebrannt, wurde 1472 wiederaufgebaut, 1678 wegen Baufälligkeit abgebrochen und dann in der Form neu errichtet, wie Peter Suhr sie uns zeigt. Auch die schöne Herrenmühle wurde, wie das Rathaus, beim Großen Brand gesprengt, um eine Bresche gegen die Feuerwalze zu schlagen. Aber vergebens, die Flammen rasten weiter. Die schöne alte Nikolaikirche, im Hintergrund sichtbar, war ebenfalls ein Raub der Flammen geworden. Angesichts der grundlegenden Umwandlungen des Hamburger Stadtbildes muß man Peter Suhr dankbar sein, daß er dokumentarische Ansichten, wie diese hier, für die Nachwelt festgehalten hat.

Blick von der Großen Johannisstraße auf den Großen Burstah

A few more paces and we come to our next motif. In front of us is Grosser Burstah, a street dominated by a tall, modern building, and on the right is Adolphsplatz where the Hamburger Sparkasse buildings stands. This part of Hamburg looked quite different around 1832. On the site occupied by the Sparkasse we see Hamburg's oldest water-mill. It was called the "Herrenmühle" because it was previously owned by the Counts of Schauenburg. The first mill burnt down in the 15th century and was rebuilt in 1472; pulled down in 1678 as being beyond repair, it was then rebuilt in the shape shown here. It finally fell victim to the Great Fire of 1842.

A pocos pasos vemos el Grosser Burstah, que está cubierto por un rascacielos moderno. A la derecha de la Adolphsplatz está el edificio de la Hamburger Sparkasse. Hacia 1832 esta parte del antiguo Hamburgo tenía un aspecto completamente distinto. Donde hoy está la Caja de Ahorros, podíamos ver las grandes ruedas del molino de agua más antiguo de Hamburgo. Se llamaba «Herrenmühle», porque pertenecía a los Condes de Schauenburg. El primer molino se incendió en el siglo XV, se reconstruyó en 1472 y en 1678 se interrumpió la reconstrucción por su estado ruinoso y se edificó como nos muestra la estampa. Fue destruido en 1842.

Quelques pas plus loin nous voyons le Grosser Burstah, dominé par un building moderne. A droite sur l'Adolphsplatz le bâtiment de la Hamburger Sparkasse (Caisse d'épargne). En 1832 cette partie du viel Hambourg avait un tout autre aspect. Nous voyons à l'emplacement de la Caisse d'épargne les grandes roues du plus vieux moulin à vent de Hambourg, nommé «Herrenmühle». Il s'appelait ainsi parce qu'il appartenait aux «Stadtherren» (comtes de Schauenburg). Le premier moulin avait brûlé au XV s., fut reconstruit en 1472, démoli en 1678 pour délabrement et réaménagé sous la forme que nous voyons ici. Il fut détruit en 1842.

Lithographie von Peter Suhr, vermutlich nach eigener Zeichnung

Die Mühlenbrücke und die St. Nicolai-Kirche in Hamburg · Um 1832

Wiederum einige Schritte weiter und wir haben den Blick zurück vom Großen Burstah zur Großen Johannisstraße. Links das Gebäude der Hamburger Sparkasse, deren Kassenhalle das kleine Fleet überbaut hat, das vom Mönkedammfleet zur Trostbrücke und somit zum Nikolaifleet führt. Wenige Jahre nach dem Brandunglück von 1842 zeigt uns der Stahlstich von Gray, wie die vom Feuer verwüstete Altstadt wieder aufgebaut worden war. Viele Grundstücke waren neu parzelliert worden, die ehemals gewundenen Straßen erhielten einen geradlinigen Verlauf, und manche Twieten wurden völlig aufgehoben. Das neue Straßennetz bot ganz andere Perspektiven als die engen, winkligen Straßen vor dem Brand. So sehen wir auf dem Stahlstich vom alten Stadtkern an der Mühlenbrücke in gerader Flucht durch die Große Johannisstraße, Hermann- und Ferdinandstraße bis hin um Glockengießerwall, wo am 8. Mai 1842 das Feuer sein Ende gefunden hatte. Die Mühlenbrücke im Vordergrund war 1844 in Stein neu erbaut worden. Links, von Schildwachen bewacht, das Haus der Hamburger Bank, das 1845–1848 von Fersenfeldt und Reichardt im Stil italienischer Renaissance errichtet worden war. Heinrich Heine hatte einmal die Hamburger Bank die »silberne Seele« der Stadt genannt. Tatsächlich lagerte in ihrem Keller der Silberschatz der Hamburger Kaufmannschaft.

Blick vom Großen Burstah auf die Große Johannisstraße

Walking a bit further down Grosser Burstah we now look back towards Grosse Johannisstrasse. On the left, a canal passes beneath the building of the Hamburger Sparkasse. The steel engraving shows the new pattern of streets built during the years after the Great Fire. Now, looking in a straight line from the city centre, one can see as far as Glockengiesserwall where the Fire reached its limit on 8 May 1842. On the left we see the Hamburger Bank (completed 1848) guarded by sentries. Its vaults contained the silver owned by Hamburg's merchant community.

A pocos pasos tenemos la vista desde Grosser Burstah hacia la Grosse Johannisstrasse. A la izquierda sobresale por encima del canal el vestíbulo de la Hamburger Sparkasse. Pocos años después del Gran Incendio en el año 1842, vemos en el grabado la nueva red de carreteras de la ciudad; se puede ver directamente hasta el Glockengiesserwall, donde antiguamente, el día 8 de mayo de 1842, se detuvo el incendio. A la izquierda se eleva el edificio del Hamburger Bank, que se terminó de construir en 1848 y que custodian los centinelas. En los sótanos se hallaba el tesoro de plata de los comerciantes hamburgueses.

Un peu plus loin et, depuis Grosser Burstah, nous voyons la Grosse Johannisstrasse. A gauche le fleet au-dessus duquel est construit le hall de la Hamburger Sparkasse (Caisse d'épargne). Quelques années après l'incendie de 1842, le nouveau réseau de rues de la ville. Aujourd'hui on peut aller en droite ligne du centre à Glockengiesserwall là où, le 8 mai 1842, le feu avait pu être arrêté. A gauche le bâtiment achevé en 1848 de la Banque de Hambourg, particulièrement bien gardé. C'est dans ses caves que se trouvaient les réserves d'argent des négociants.

Stahlstich von James Gray nach eigener Zeichnung

Die Grosse Johannis-Strasse in Hamburg · Um 1848

Wir setzen unsere Zeitreise fort und gehen vom Großen Burstah zum Neubau der Landeszentralbank an der Ecke Ost-West- und Deichstraße. Von hier sehen wir über die breite Ost-West-Straße, die nach dem Zweiten Weltkrieg durch den Stadtkern gebrochen worden ist, auf das moderne blaue Haus am Kleinen Burstah und rechts den Hopfenmarkt. Der holländische Zeichner Jan Willem Vos führt uns auf seinem Bild vom Hopfenmarkt in die Zeit um 1830. Er schaute von der Ecke Holzbrücke/Deichstraße in Richtung Großer Burstah auf den Hopfenmarkt und zeigt das bunte Leben rings um die Schrangen und die alte Häuserzeile. Über allem der Turm von St. Nikolai. Der Name Hopfenmarkt ist schon 1346 nachweisbar, er leitete sich vom Hopfenhandel ab, der in der Braustadt Hamburg rege betrieben worden war. 1835 berichtet der unbekannte Verfasser eines Fremdenführers: »Vom Graskeller über den Großen Burstah führt der Weg rechts ab durch den Kleinen Burstah nach dem Hopfenmarkt, dem Haupt-, Gemüse-, Fleisch- und Fischmarkt der Stadt, welchen der Fremde an den Markttagen, Dienstags und Freitags und besonders Sonnabends, Vormittags zu besuchen nicht versäumen soll. Hier liegen außer den neuen Schrangen, wo die Fleischer vom neuen Küterhaus ihre Blöcke haben, die drei Gasthöfe: Zum schwarzen Elephanten No. 7, Zum großen wilden Mann No. 28 und Zum neuen großen wilden Mann No. 13«.

Blick von der Ost-West-Straße auf den Kleinen Burstah und den Hopfenmarkt

It is only a short distance to Ost-West-Strasse. From the Landeszentralbank's new office block on the corner of Deichstrasse we see Kleiner Burstah and, on the right, the Hopfenmarkt. The Dutch artist J. W. Vos shows how this area appeared from the same viewpoint before the Fire of 1842. We see a colourful market scene around the butchers', fishmongers' and greengrocers' hall. The steeple of the St. Nikolai church rises beside it. The name "Hopfenmarkt" (= hop market) was already mentioned in 1346, and is derived from the trade in hops which was an important commodity for Hamburg's brewery industry in those days.

No muy lejos de allí está la Ost-West-Strasse. Ahí vemos desde el edificio moderno del Landeszentralbank haciendo esquina con la Deichstrasse, el Kleiner Burstah y, a la derecha, el Hopfenmarkt. El dibujante holandés J. W. Vos nos muestra desde casi el mismo punto de vista, el aspecto que tenía el Hopfenmarkt antes del incendio de 1842. Alrededor del mercado vemos la animación, el carnicero y el vendedor de pescado y el verdulero. Destaca por encima la torre de St. Nikolai. El nombre del mercado de lúpulo (Hopfenmarkt) ya fue mencionado en el año 1346 y se deriva del comercio de lúpulo, muy intenso en la Ciudad de Hamburgo.

A deux pas, la Ost-West-Strasse. Depuis le nouveau bâtiment de la Landeszentralbank au coin de la Deichstrasse nous voyons le Kleiner Burstah et à droite le Hopfenmarkt. Le dessinateur hollandais J. W. Vos nous montre du même endroit l'aspect du Hopfenmarkt avant l'incendie de 1842. Nous voyons l'animation autour du marché des bouchers, poissonniers et marchands des quatre saisons. Le tout est surplombé par le clocher de St. Nikolai. Le nom de Hopfenmarkt est mentionné dès 1346, il fait effectivement allusion au commerce du houblon qui joua un rôle important à Hambourg.

Lithographie von Jan Willem Vos nach eigener Zeichnung

Der Hopfenmarkt in Hamburg · Um 1830

Auf unserer Wanderung kommen wir nun nochmals in die Neustadt, wo wir uns im Schatten des Michels umsehen wollen. Als eine grüne Oase am nahen Hafen liegt der Schaarmarkt vor uns, den Geestabhang hinauf staffeln sich Wohnblöcke, die nach dem Zweiten Weltkrieg erbaut worden waren. Dominierend, wie seit alters her, das wuchtige Kirchenschiff und der unverwechselbare Turm von St. Michaelis. Auf dem Bild von 1857 fällt uns ins Auge, daß der Schaarmarkt belebt war von den bunten Trachten der Fisch- und Gemüsefrauen. Damals herrschte in den hafennahen Wohnquartieren noch reges Marktleben. Fachwerkhäuser, hier schmal und dort behäbig breit, ducken sich vor dem Turm des Michels. Steil führt der Hohle Weg hinauf zum Krayenkamp. Starke Männerarme sehen wir anpacken, um beim Schieben eines Fuhrwerkes zu helfen, weil die Pferdekräfte nicht ausreichten das Gefälle zu nehmen. Um die Jahrhundertwende waren viele alte Häuser am Schaarmarkt der Sanierung der Neustadt zum Opfer gefallen. Die wenigen übergebliebenen Häuser waren dann in den Julinächten 1943 in Asche gesunken.

Der Grünzug Schaarmarkt in der Neustadt

In the shadow of the "Michel" we come across Schaarmarkt, which has been transformed into a green oasis. Dominating as ever stands the massive nave and unmistakable steeple of the St. Michaelis church. The picture from 1857 shows how lively Schaarmarkt looked with the colourful local costumes of the fishwives and vegetable vendors. In those days, markets were held amidst the dockland houses. Timber frame buildings, some narrow and some expansive, cluster around the "Michel". Many of these houses were demolished around the turn of the century in the course of redevelopment, and the rest destroyed during the last war.

En la Neustadt nos encontramos el Schaarmarkt, a la sombra del Michel, que fue transformado en un oasis verde cerca del puerto. Desde siempre dominaba la enorme nave y la torre del Michel. En la estampa de 1857 observamos el Schaarmarkt, animado por los vestidos regionales de las vendedoras de pescado y verduras. En aquellos tiempos dominaba en los barrios cercanos al puerto, la vida del mercado. Las casas con las fachadas de entramado se inclinan ante la torre del Michel. A finales de siglo se derribaron muchas casas por medidas de saneamiento y las últimas fueron destruidas en la Segunda Guerra Mundial.

Dans la Nouvelle ville nous arrivons près du Michel au Schaarmarkt, transformé en une oasis de verdure près du port. Dominants comme depuis toujours la nef imposante et le marquant clocher de St. Michaelis. Sur la vue de 1857 nous remarquons les costumes bigarrés des poissonnières et des marchandes de quatre saisons au Schaarmarkt. Le marché, dans ces quartiers d'habitations voisins du port, était très animé. Des maisons à colombage, tantôt étroites, tantôt larges se pressent autour du Michel. Au tournant du siècle plusieurs d'entre elles disparurent lors de l'assainissement du quartier, les dernières lors de la 2e guerre mondiale.

Lithographie von Wilhelm Heuer nach eigener Zeichnung

Der Schaarmarkt · 1857

Noch einen bekannten Michel-Blick genießen wir: diesmal vom Großneumarkt. In der Woche wird hier tatsächlich Markt abgehalten. Im Vordergrund der schöne Brunnen der Bildhauerin Doris Waschk-Balz von 1979, eine Spende der Hamburgischen Feuerkasse aus Anlaß ihres 300jährigen Bestehens im Jahr 1976. Wie es hier anno 1825 in der Neustadt aussah, zeigt uns der Kupferstich nach einer Zeichnung des reisenden Engländers und Colonels a. D. Robert Batty. Er verfaßte zu dem Bild auch den Text: »Der Neumarkt in Hamburg. Entlang der Schlachterstraße geht der Blick auf den Turm von St. Michael. Die Häuser, die den Marktplatz umschließen, sind von großer Mannigfaltigkeit, die von den Giebelhäusern aus Fachwerk über Werksteinfassaden bis zu Ziegelsteinbauten reicht. Sie bestimmen den ungewohnten und malerischen Eindruck des Ganzen.« Bald, nachdem die Neustadt Anfang des 17. Jahrhunderts entstanden war, kam der Name Großneumarkt auf. Um 1660 war das Areal völlig bebaut. Der Platz konnte als Markt nie mit dem Hopfenmarkt der Altstadt konkurrieren. Er war vielmehr vorbehalten der Hamburgischen Garnison als Exerzierplatz und bis 1802 den Buden der Kunstreiter, Seiltänzer und sonstigen Schausteller.

Der Großneumarkt in der Neustadt

Another well-known view of the "Michel": this time from Grossneumarkt. During the week there is actually a market here. In the foreground, the beautiful fountain which was donated in 1976 by the Hamburg Fire Insurance Company and built in 1979. The diverse, gabled houses at Grossneumarkt were depicted in 1825 by the English traveller, Colonel Robert Batty. The name Grossneumarkt came into being soon after the Neustadt had been built at the beginning of the 17th century. In 1660 the square was surrounded by buildings. It never acquired the importance of the Hopfenmarkt and was used more as a drill-ground by the local garrison.

Otra vista conocida del Michel, desde el Grossneumarkt. En los días de semana sigue habiendo mercado. En primer plano está la bella fuente, subvencionada en 1976 por la Feuerkasse de Hamburgo y construida en 1979. El viajero inglés Ex-Coronel Robert Batty retuvo en 1825 las casas de caballete del Grossneumarkt. Hacia 1660 se urbanizó alrededor de la plaza. La plaza no podía competir como mercado con el mercado del lúpulo de la ciudad antigua, porque este último tenía gran importancia para Hamburgo. Fue más bien un polígono para la guarnición.

Encore une perspective connue du Michel: cette fois depuis Grossneumarkt. Un marché y a encore lieu sur semaine. Au premier plan la belle fontaine offerte par la compagnie d'assurance sur le feu et construite en 1979. L'Anglais Robert Batty, colonel en retraite, a fixé en image les maisons à pignon telles qu'elles se présentaient au Grossneumarkt en 1825. Ce nom apparut peu après la création de la nouvelle ville au début du XVIIe s. La place, entourée de maisons en 1660, ne put jamais concurrencer comme marché le Hopfenmarkt mais servait de champ d'exercice pour la garnison.

Kupferstich von Thomas Higham nach Zeichnung von Robert Batty

Der Grossneumarkt in Hamburg · 1825

Aus der Stille des Großneumarktes gelangen wir wieder zur Ost-West-Straße, wo der Autoverkehr an uns vorüberrauscht. Wir sehen westwärts entlang der breiten Verkehrsachse auf das Hochhaus am Millerntorplatz. Die Nordseite des Zeughausmarktes wird heute von der Ost-West-Straße eingenommen. Wo der Verkehrsfluß in markierten Bahnen verläuft, strömte auf Peter Suhrs Bild alles kreuz und quer. Der Zeughausmarkt wirkt wie ein weites Sammelbecken für die Spaziergänger und Kutschen, Karrenhändler und Reiter, die durch das im Hintergrund sichtbare Millerntor hinaus- und hereinströmen. Der Platz, seit 1622 Sammel- und Exerzierfeld für das Militär, verdankt seinen Namen dem 1661 hier erbauten Artillerie-Zeughaus, das 1826 abgebrochen worden ist. Das Millerntor stand ursprünglich in der Gegend der heutigen Ecke Neuer Wall und Stadthausbrücke, an der Ellerntorsbrücke (es wurde auch Düstern- oder Ellertor genannt); es wurde bei der Neubefestigung Hamburgs im 17. Jahrhundert vor den Zeughausmarkt in den neuen Wallring verlegt und von Hans Hamelau 1659 erbaut. Der Wall wurde 1821/22 abgetragen und das alte Torgebäude ersetzt durch die zwei Wachhäuser und die Torbarriere, die auf Suhrs Bild zu erkennen sind.

Die Ost-West-Straße beim Zeughausmarkt

Returning to Ost-West-Strasse and looking up the wide street towards the St. Michaelis church, we see the tall building at Millerntor. A large part of Zeughausmarkt disappeared when Ost-West-Strasse was built. Around 1832 the Zeughausmarkt was a focal point for pedestrians, coaches, men on horseback and costermongers; people and traffic streamed through the Millerntor visible in the background. The square had been used as a military parade ground since 1622, and its name derives from the artillery arsenal which was built there in 1661 and pulled down in 1826.

Volvamos a la Ost-West-Strasse y, cerca del Michel, a lo largo del ancho eje del tráfico, vemos el rascacielos junto al Millerntor. Una gran parte del Zeughausmarkt ha sido asimilada por la Ost-West-Strasse. Hacia 1832 parece el Zeughausmarkt un colector de peatones, carruajes, jinetes y vendedores de carros, que entran y salen por el Millerntor y que se pueden ver al fondo. La plaza era el lugar de reunión de maniobras del ejército desde 1622. El nombre de este lugar se debe al arsenal de artillería, que fue construido aquí en 1661 y derribado en 1826.

Nous retournons à la Ost-West-Strasse et voyons près du Michel, au bord de la large artère, le building à Millerntor. Une grande partie du Zeughausmarkt a cédé aujourd'hui la place à la Ost-West-Strasse. Vers 1832 ce Marché de l'arsenal est un lieu de rassemblement pour piétons, calèches, cavaliers et marchands ambulants qui entrent et sortent par la Millerntor que l'on aperçoit au fond. Cette place était depuis 1622 lieu de rassemblement et champ d'exercice pour les soldats et doit son nom à l'arsenal pour l'artillerie construit ici en 1661 et démoli en 1826.

Lithographie von Carl Alexander Lill nach Zeichnung von Peter Suhr

Der Zeughausmarkt und das Altonaer Thor in Hamburg · Um 1832

Und jetzt der umgekehrte Blick vom Millerntor zum Zeughausmarkt. Wieder umtobt uns der Autoverkehr der Ost-West-Straße. Wir sehen ostwärts auf den Michel und, in der Ferne, den Turm von St. Nikolai. Ganz links fristet noch ein Überbleibsel des Millerntores sein Dasein: die ehemalige Akzisewache mit ihrer kleinen dorischen Säulenfront. Dieses Wachgebäude finden wir links in dem Bild von 1860 wieder. Das Pendant erkennen wir rechts. Vor beiden Wachgebäuden die fünf Pfeiler des Millerntores. Bis 1860 wurden noch die Tore der Stadt abends geschlossen. Wer nach der Sperrstunde, die durch Läuten der Sperrglocken angekündigt wurde, noch in die Stadt wollte, mußte vier Schillinge entrichten. Besonders am Millerntor gab es kurz vor der Sperre ein hastiges Gedränge derer, die von St. Pauli oder Altona heimwärts wollten. Die vielbespottete Torsperre wurde am 31. Dezember 1860 aufgehoben. Tausende von Hamburgern genossen am Neujahrstag vor dem Millerntor jubelnd die langersehnte »Sperrfreiheit«. Die Sperrglocken übrigens haben die geschäftstüchtigen Hamburger nach Südafrika verkauft, wo sie dann auf den Missionsstationen zum Gottesdienst läuteten.

Blick vom Millerntor in Richtung Zeughausmarkt und Michel

Now a view in the other direction from Millerntor: looking east towards Zeughausmarkt, we see the "Michel" steeple and, in the distance, the steeple of St. Nikolai. Extreme left, we see what remains of Millerntor: the former excise-house with its Doric columns. By contrast, we see the two guard-houses in 1860 and the five pillars of the Millerntor gateway. Up to 1860 all the gateways leading into the city were closed in the evening. Latecomers were charged four shillings to enter. At the Millerntor especially there was always a rush at gate-closing time as people returned from a stroll in St. Pauli. Gate closing ended on 31 December 1860.

Ahora, desde otro punto de vista, del Millerntor al Zeughausmarkt. Hacia el Este vemos el Michel y a lo lejos la torre de St. Nikolai. A la izquierda del todo quedan los restos del Millerntor: la antigua guardia con las columnas dóricas. En 1860 vemos dos guardias y las cinco columnas del Millerntor. Hasta 1860 se cerraban por la noche todos los portales. Los que llegaban tarde, tenían que pagar cuatro chelines. A la hora del cierre, sobre todo junto al Millerntor, había mucha gente, que quería volver a casa del paseo por St. Pauli. El día 31 de diciembre de 1860 se derogó el cierre de los portales.

La vue inverse de Millerntor vers le Zeughausmarkt. Nous voyons vers l'est le Michel et au loin le clocher de St. Nikolai. Tout à fait à gauche les vestiges de Millerntor: l'ancien poste d'accise avec ses colonnes doriques. Nous voyons les deux postes et les cinq piliers de Millerntor. Jusqu'en 1860 toutes les portes de la ville furent fermées le soir. Qui arrivait trop tard devait payer quatre schillings pour rentrer. A Millerntor il y avait bousculade à l'heure de fermeture, beaucoup rentrant d'une virée à St. Pauli. Cette fermeture fut abolie de 31. décembre 1860.

Lithographie von Wilhelm Heuer nach eigener Zeichnung

Millern-Thor · 1860

Die Helgoländer Allee auf dem Verlauf des ehemaligen Stadtgrabens

Vom Millerntor ist es durch den Alten Elbpark ein kurzer Sprung bis zur Kersten-Miles-Brücke. Von dort sehen wir auf die Helgoländer Allee, die von der U-Bahnbrücke gekreuzt wird und zu den St. Pauli-Landungsbrücken führt. Im Hintergrund ragen die Kräne von Blohm & Voss auf. Daß die Helgoländer Allee direkt auf dem Grund des ehemaligen Stadtgrabens verläuft, kann uns die Lithographie von 1828 bestätigen. Mit nicht geringem Stolz hat Peter Suhr dieses Bild friedlichen Promenierens auf den ehemaligen Stadtwällen festgehalten. Denn erst vor wenigen Jahren hatte der Bremer Landschaftsgärtner Isaak Hermann Albert Altmann (1777–1837) diesen äußersten Teil der Stadtbefestigung in einen Park umgewandelt und den Stintfang als Aussichtsplateau einbezogen. Von 1820 bis 1833 hat Altmann es geschafft, aus dem großen Halbkreis der alten Befestigung einen herrlichen Grüngürtel zu zaubern, der das Promenieren um Hamburgs alten Stadtkern zum Erlebnis machte. Zu Ehren Altmanns wurde der Aussichtshügel, der bei der Steinstraße aus der Bastion Sebastian entstanden war, Altmannshöhe genannt. Heute hält nach Abtragung des Hügels der Name der Altmannbrücke die Erinnerung an den Schöpfer der Wallanlagen wach.

From Millerntor it is only a few minutes' walk to the Kersten Miles Bridge. From here we look down on Helgoländer Allee which is spanned by a bridge of the Underground railway. That Helgoländer Allee follows the course of the former city moat is confirmed by this lithograph made in 1828. From the walk along the city walls one can see Stintfang Height overlooking the port. Peter Suhr has captured this picture of the newly designed walls with a certain pride, because only a few years previously, the Bremen landscape gardener Altmann had made this extremity of the old city walls into a park.

A pocos minutos del Millerntor está el Kersten-Miles-Brücke. Allí vemos la Helgoländer Allee que se cruza con el puente del metro. La litografía del año 1828 nos muestra que la Helgoländer Allee está justo encima del foso de la ciudad. Desde el paseo de la muralla se ve el mirador de la colina Stintfang junto al puerto. Con cierto orgullo ha fijado el artista Peter Suhr la estampa de los nuevos jardines de las murallas. Hacía solamente algunos años que el artífice de jardines bremense Altmann había transformado la parte exterior del fortín en un hermoso parque.

De Millerntor ce ne sont que quelques minutes jusqu'au Kersten-Miles-Brücke. Là nous voyons l'Helgoländer Allee, croisée par le pont du métro. La lithographie de 1828 nous montre que l'Helgoländer Allee se trouvait à l'emplacement de l'ancien fossé de la ville. De la promenade sur l'emplacement des remblais le regard va vers la butte Stintfang. C'est rempli de fierté que Peter Suhr a représenté les remblais nouvellement aménagés. Car ce n'est que peu d'années avant que le jardinier brêmois Altmann avait transformé en parc cette partie extrême des fortifications.

Lithographie, vermutlich von Peter Suhr nach eigener Zeichnung

Hamburg, der Wall vom Elbpavillon bis zum Stintfang · 1828

Und nun nochmal zum Millerntor. Neben dem Hochhaus stehend, schauen wir auf die weltberühmte Reeperbahn, die, wie man weiß, erst abends im Lichte der bunten Reklamen attraktiv erscheint. Am Tage jedenfalls wirkt der Eingang zur Reeperbahn recht bürgerlich. Wovon der Name Reeperbahn sich ableitet, erklärt am besten das Bild aus der Zeit um 1880. Die Zeichnerin Ebba Tesdorpf stand damals ungefähr dort, wo heute im Vordergrund des Fotos das flache Haus steht. Sie sah in Richtung der heutigen Seilerstraße, die hier parallel zur Reeperbahn verläuft. Genau da waren sie, die Bahnen der Reepschläger. Die Reeper oder Röper genannten Handwerker brauchten baumbestandene Arbeitsplätze, auf denen sie die Hanfseile drehen konnten. Eine der langgestreckten, überdachten Bahnen sehen wir im Bilde, zwei Reeper gehen gerade ihrer Arbeit nach. Das Gelände der Reepschläger maß 55 745 Quadratmeter, war also ein immens großes Areal, das die Hamburger Stadtväter gern zur Bebauung frei haben wollten. Nach langen Querelen kam Hamburg, durch einen Vergleich mit den Reepern, gegen Zahlung von 1 060 000 Mark in den Besitz des Geländes. Nach der Anlegung neuer Straßen, 1882 bis 1885, verkaufte die Stadt die einzelnen Bauplätze und kassierte dabei einen Reingewinn von 1,6 Millionen Mark.

Hamburgs sündige Meile: die Reeperbahn am Tage

Back once more to Millerntor. Running past the tall office block is the famous Reeperbahn which appears quite tame during the day-time. The picture from 1880 shows how the name "Reeperbahn" (= rope-walk) originated. Ebba Tesdorpf depicted it from roughly that spot where the low building stands in the foreground of the photo. She was looking in the direction of the present-day Seilerstrasse which here runs parallel to Reeperbahn. Exactly there we see one of the covered rope-walks and two rope-makers at work. The entire area was redeveloped 1882–85.

Volvamos otra vez al Millerntor. Junto al rascacielos vemos la famosa Reeperbahn, que de día parece muy civilizada. La estampa de 1880 nos explica el origen del nombre Reeperbahn. Ebba Tesdorpf estaba situada en aquellos tiempos, donde se ve hoy, en primer término de la foto, la casa baja. El grabado mira en dirección a la actualmente llamada Seilerstrasse, paralela a la Reeperbahn. Ahí mismo vemos una de las pistas de los cordeleros. Dos de ellos están trabajando. Desde el año 1882 hasta 1885 se transformó el solar de los cordeleros en terrenos para la construcción.

Retournons à Millerntor. Près du building nous voyons la célèbre Reeperbahn qui le jour donne à cet endroit une impression plutôt bourgeoise. La vue de 1880 explique d'où la Reeperbahn tire son nom. Ebba Tesdorpf s'est installée environ là où se trouve la maison basse sur la photo. Elle regardait en direction de l'actuelle Seilerstrasse, à cet endroit-là parallèle à la Reeperbahn. Nous voyons une des laizes de cordiers qui formait un long toit. Deux cordiers vaquent justement à leur travail. De 1882 à 1885 cet emplacement réservé aux cordiers fut transformé en terrains à bâtir.

Autographie von Wilhelm Heuer nach Zeichnung von Ebba Tesdorpf

Reeperbahn in St. Pauli · Um 1880

Schlendern wir auf Hamburgs sündiger Meile, der Reeperbahn, entlang den Tanzhäusern, Erotikläden und verwegenen Bars bis zur Ecke Detlev-Bremer-Straße, so drehen wir uns noch einmal um und sehen von der Reeperbahn über die Reihe der Pavillons auf die modernen Blöcke am Spielbudenplatz. Im Hintergrund der Michel. Und nun ein voller Griff ins Menschenleben: wir sehen den gleichen Blick, wie ihn Peter Suhr um 1832 festgehalten hat. Die heutige Reeperbahn war damals eine baumbestandene Chaussee, an der ein Graben entlanglief. Eine unübersehbare Menge Schaulustiger hat sich vor den Spielbuden versammelt, um sich an den Gaukeleien zu belustigen. Da sind sie, die bunten Buden, die dem Spielbudenplatz den Namen gegeben haben. Aber lassen wir einen Zeitgenossen zu Worte kommen. Heinrich Smidt sagte 1836, bevor er den Graben an der Reeperbahn überquerte: »Tritt ohne Scheu über diesen Steg, mein wißbegieriger Leser, und hinein in das Gewühl, welches vor uns auf und niederwogt. Wir richten unsere Augen auf jene lange Reihe hölzerner Buden, die theils aus rohen Brettern zusammengeschlagen sind, theils in hellen Farben erglänzen . . . Die ganze Gesellschaft, sie bestehe nun aus Kunstreitern, Seiltänzern, Pantomimisten, oder Schauspielern, kriecht aus ihrer Kunsthalle hervor, erklettert einen nothdürftig zusammengezimmerten Balkon und führt gratis eine Vorkomödie auf. Heiliger Apollo, bitte für uns!«

Blick von der Reeperbahn zum Spielbudenplatz

Continuing down the Reeperbahn we come to the corner of Detlev-Bremer-Strasse. From here we can look across the Reeperbahn and the row of small shops and snack bars to the modern blocks at Spielbudenplatz. Peter Suhr has depicted the fair booths ("Spielbuden") around 1832; the square was named after these. A huge crowd has gathered on the open field to watch the tight-rope walkers, circus-riders, acrobats, conjurers and entertainers, and enjoy all the fun offered here. The Reeperbahn appears on the extreme left as an avenue of lime-trees.

Paseando por la Reeperbahn llegamos a la esquina de la Detlev-Bremer-Strasse. Ahí vemos, desde la Reeperbahn y la fila de pabellones, los bloques modernos del Spielbudenplatz. Hacia 1832 Peter Suhr nos muestra los puestos de rifas, de donde recibió la plaza, paralela a la Reeperbahn, su nombre. Una gran masa de gente se ha reunido en el campo libre, para divertirse con los volantines que hacen los funámbulos, con los jinetes artísticos, con los magos y los artistas. La Reeperbahn se halla a la izquierda del todo de la litografía, como avenida de tilos.

Descendons en flânant la Reeperbahn et nous arrivons au carrefour Detlev-Bremer-Strasse. De là nous voyons la Reeperbahn, la série des pavillons et les immeubles modernes à la Spielbudenplatz. Peter Suhr nous montre les baraques foraines vers 1832 qui ont donné leur nom à cette place parallèle à la Reeperbahn. Une grande foule s'est rassemblée ici en plein air pour admirer les divers numéros des funambules, écuyers acrobates, prestidigitateurs et acteurs. La Reeperbahn, qui était alors une allée de tilleuls, est tout à fait à gauche sur l'illustration.

Lithographie von Peter Suhr nach eigener Zeichnung

Vergnügungen in der Vorstadt St. Pauli (Hamburgerberg) · Um 1832

Am Nobistor überqueren wir die frühere Grenze von Hamburg und Altona. Bis 1867 war Hamburgs Nachbarstadt unter dänischer Oberhoheit, kam zu Preußen und wurde dann 1937 kraft Großhamburg-Gesetzes der Hansestadt einverleibt. Nun stehen wir an der zur breiten Verkehrsader ausgebauten Königstraße und sehen auf Altonas Hauptkirche St. Trinitatis, die 1966 aus den Trümmern neu erstanden ist. Zu unserer Linken ragt ein hohes Wohnhaus auf, an dessen Straßenfront wir ein Glasmosaik entdecken, das die Überschrift »Das alte Rathaus in der Königstraße« trägt. Tatsächlich hat hier an dieser Stelle, bis zur Vernichtung im Zweiten Weltkrieg, Altonas schönes altes Rathaus gestanden, das uns Wilhelm Heuer 1856 vor Augen führt. Ein erstes Rathaus (erbaut 1688) war hier schon 1713 zerstört worden von den Schweden, die zwei Drittel Altonas niedergebrannt hatten. Das zweite, hier gezeigte Rathaus hatte 1720 an der gleichen Stelle Stadtbaumeister Claus Stallknecht errichtet: einen zweigeschossigen Putzbau mit Mansardendach und Dachreiter. Unter der Figur der Justitia war ein von Löwen gehaltenes Medaillon mit dem Spiegelmonogramm König Friedrichs IV. von Dänemark. 1802 wurde an der Hauptfassade der auf Säulen ruhende Altan angebaut, auf dem die öffentliche Ziehung des 1771 von den Dänen eingeführten Zahlenlottos stattfand. Weil in Hamburg das Lottospiel verboten war, strömten die Hamburger ins dänische Altona, um dort ihr Glück zu versuchen.

Die Königstraße in Altona

We cross the former border between Altona and Hamburg at Nobistor. Hamburg's neighbouring township was under Danish sovereignty up to 1867, then it belonged to Prussia, and in 1937, was incorporated into Greater Hamburg. Here we are standing in Königstrasse and looking towards Altona's Parish Church which was rebuilt in 1966 after being destroyed during the war. The building on the left contains a glass mosaic depicting the old Altona town hall. In fact, up to being bombed during the last war, the town hall, which is shown in the print from 1856, actually stood on this site. It was built in 1720 by the Town Architect Stallknecht.

En Nobistor cruzamos la antigua frontera entre Altona y Hamburgo. Hasta 1867 pertenecía la ciudad próxima a Hamburgo a la corona danesa, después a Prusia y en el año 1937 a Hamburgo. Junto a la Königstrasse vemos la catedral de Altona, que fue reconstruida en 1966. A la izquierda del rascacielos podemos ver un mosaico de cristal, que muestra el aspecto del Ayuntamiento de Altona. Hasta la destrucción por las bombas de la Segunda Guerra Mundial se hallaba aquí realmente el Ayuntamiento, que nos muestra la estampa de 1856. La casa fue construida por el arquitecto de la ciudad Stallknecht.

A Nobistor nous passons l'ancienne frontière entre Altona et Hambourg. Jusqu'en 1867 la ville voisine de Hambourg fut danoise puis appartint à la Prusse et en 1937 à Hambourg. Nous sommes dans la Königstrasse et apercevons l'église principale d'Altona renée en 1966 de ses ruines. A gauche sur la façade du building une mosaïque en verre représentant l'Hôtel de ville d'Altona qui se trouva là jusqu'à sa destruction par les bombes pendant la Seconde guerre mondiale. L'illustration de 1856 nous le montre; il avait été construit en 1720 par l'architecte municipal Stallknecht.

Lithographie von Wilhelm Heuer nach eigener Zeichnung

Rathhausmarkt in Altona · 1856

Wer nach Altona kommt, sollte nicht versäumen sich die frühere Prachtstraße der Stadt anzusehen: die Palmaille. Der Name geht auf das italienische Kugelspiel »palla a maglio« zurück, das Graf Otto VI. von Schauenburg anno 1639 in Altona eingeführt hatte. Prachtallee war die Palmaille erst nach 1790 geworden, als der Kopenhagener Landbaumeister Christian Frederik Hansen und sein Neffe Matthias Hansen begannen die Straße mit vornehmen Häusern im nordischen Klassizismus zu bebauen. Am Ende der Palmaille sehen wir rechts das Neue Rathaus Altonas, heute Sitz des Bezirksamtes Altona. Als Carl Oesterley die Palmaille um 1875 in seinem stimmungsvollen Gegenlichtbild festgehalten hatte, war das Neue Rathaus noch kein Rathaus, sondern Altonas Bahnhof. 1844 war er errichtet worden für die »König-Christian-VIII.-Ostseebahn«. 1852 war der Mittelteil des Gebäudes aufgestockt und mit Dreieckgiebeln und einer Säulenloggia verschönert worden. Diesen Bauzustand zeigt Oesterleys Bild. Nachdem 1895 der neue Bahnhof in Altona eröffnet worden war, erwarb die Stadt das Bahnhofsgebäude und ließ es zum Rathaus umbauen. Im Mai 1898 wurde es seiner Bestimmung übergeben. Auf dem alten Bild sehen wir auch das Siegesdenkmal, das nach dem Krieg von 1870/71 angelegt worden war. Im Hintergrund, wie auch heute noch, der Turm der Christianskirche in Ottensen, wo man das Grab Klopstocks besuchen kann.

Blick von der Palmaille auf das Neue Rathaus in Altona

Palmaille was once Altona's finest street. The name is derived from the Italian game of bowls, "palla a maglio". From 1790 on, the Copenhagen architect, C. F. Hansen, and his nephew, Matthias Hansen, built up this area with elegant houses in classical style. At the end of Palmaille we now see Altona's New Town Hall. When Carl Oesterley designed this view around 1875, the town hall was a railway station. It had been built in 1844 as terminus for the Baltic Railway of King Christian VIII of Denmark. The building was converted into a town hall in 1895 when a new railway station was built in Altona.

La Palmaille fue la calle más bonita de Altona, que recibió el nombre por el juego de bolas italiano «palla a maglio». Desde 1790 el arquitecto C. F. Hansen y su sobrino Matthias Hansen construyeron casas en estilo neoclásico. Al final de la Palmaille vemos el Ayuntamiento moderno de Altona. Cuando Carl Oesterley captó este motivo hacia 1875, el Ayuntamiento era una estación, construida para el tren báltico del rey Christian VIII de Dinamarca. Después de conseguir Altona en 1895 una nueva estación, se transformó este edificio en Ayuntamiento.

La Palmaille était jadis la plus majestueuse artère d'Altona, elle avait tiré son nom du jeu de boules italien «palla a maglio». L'architecte de Copenhague C. F. Hansen et son neveu Matthias Hansen y ont construit de nobles maisons néo-classiques. Au bout de l'avenue, le nouvel Hôtel de ville d'Altona. Lorsque C. Oesterley fixa ce motif vers 1875, l'Hôtel de ville était encore une gare qui avait été aménagée en 1844 comme gare pour le train de la Baltique du roi Christian VIII de Danemark. Après qu'Altona eut reçu une nouvelle gare, la ville fit tranformer en 1895 ce bâtiment en hôtel de ville.

Holzstich (anonym) nach Zeichnung von Carl A.H.F. Oesterley

Die Palmaille in Altona · Um 1875

Von Altonas Prachtstraße zu Hamburgs schönstem Boulevard, dem Jungfernstieg. An seiner Wasserseite läßt es sich immer noch vorzüglich promenieren; dort sehen wir auch den berühmten Alsterpavillon, den sechsten Bau in der Geschichte des Kaffeehauses. Der vorletzte Pavillon war den Bomben im Zweiten Weltkrieg zum Opfer gefallen. Peter Suhrs Jungfernstieg-Bild versetzt uns mitten ins Biedermeier. Unter den beiden Lindenreihen spazieren Damen und Herren in der Mode der Zeit. Das friedliche, festliche Bild einer versunkenen Epoche. Traditioneller Treffpunkt war der Alsterpavillon, der die Erfindung eines Ausländers gewesen war: des französischen Emigranten namens Vicomte Augustin Lanclot de Quatre Barbes, der 1799 hier eine bescheidene »Erfrischungsboutique« eröffnet hatte. Peter Suhr hat den zweiten, wesentlich größeren Pavillon um 1830 dargestellt. Freiherr von Hammerstein skizzierte 1840 seine Eindrücke vom Jungfernstieg so: »Welch ein Gedränge! Welch eine Masse der verschiedensten Menschen wandelt hier auf und ab! Der reiche Kaufherr, der zierliche Elegant, der behende Ladendiener, der stolze Engländer, der lustige Franzose, der ernste Türke, der berühmte Literat, der glücklich und unglücklich Liebende, der reiche Russe, der schöne Pole, der blonde Däne, der regierende Herr und der zerlumpte Bettler – sie Alle ergehen sich hier und keiner kümmert sich um den Anderen!«

Hamburgs Schlender-boulevard, der Jungfernstieg

From Altona's most elegant street to Hamburg's most beautiful boulevard, the Jungfernstieg. As in the past, one can still enjoy strolling along the lakeside. The famous Alster Pavilion stands there – the sixth coffee-house of its kind to occupy this site. Peter Suhr's lithograph from 1830 takes us back to Biedermeier times. Ladies and gentlemen dressed in the fashion of those days stroll leisurely beneath the lime-trees. The first Alster Pavilion was built in 1799 by a French emigrant. The considerably larger pavilion shown in the engraving was the second to stand here.

De la calle más bonita de Altona pasamos a la avenida más bonita de Hamburgo, el Jungfernstieg. A sus orillas hoy en día se sigue pudiendo pasear magníficamente. Ahí está el famoso Alsterpavillon, que fue la sexta construcción en la historia de este pabellón. La hermosa litografía de Peter Suhr de 1830 nos lleva al más representativo Biedermeier. Bajo los tilos se pasean elegantes damas y señores vestidos a la moda de aquel tiempo. Un emigrante francés había decorado un primer Alsterpavillon en 1799. El segundo pabellón aparece aquí en la estampa.

De la plus prestigieuse avenue d'Altona au plus beau boulevard de Hambourg, le Jungfernstieg. Du côté de l'eau on peut aujourd'hui encore s'y promener fort agréablement. C'est également là que se trouve le célebre Pavillon de l'Alster, sixième construction de ce café. La lithographie de Peter Suhr nous retransporte dans le plus beau Biedermeier. Dames et messieurs, vêtus élégamment et à la toute dernière mode, flânent sous les tilleuls. Un émigrant français avait érigé en 1799 un premier Alsterpavillon. Nous voyons ici le second, nettement plus grand.

Lithographie von Peter Suhr nach eigener Zeichnung

Der Jungfernstieg in Hamburg · Um 1830

Ein echtes Postkartenmotiv: der Blick auf die Binnenalster, den Alsterpavillon und den Ballindamm. Ein Alsterschiff steuert den Wasserbahnhof am Jungfernstieg an. Im Hintergrund stechen in Hamburgs blauen Himmel die spitzigen Türme von St. Petri und St. Jakobi. Ähnlich repräsentativ kommt Hamburgs gute Stube in Wilhelm Heuers Übersicht von 1860 heraus. Da erstrahlt das neue Hamburg, das wie ein Phönix aus der Asche des Brandes von 1842 auferstanden ist. Helle klassizistische Häuser säumen jetzt den Jungfernstieg und den neu angelegten Alsterdamm. Nur der zerstörte Turm von St. Petri harrt noch des Wiederaufbaues. Im Vordergrund, am Neuen Jungfernstieg, der Korso der Spaziergänger. Auf der Binnenalster dampft gemächlich Hamburgs erster Alsterdampfer, die »Alina«, zur Landestelle am Jungfernstieg; sie verkehrte seit dem 15. Juni 1859. »Gewiss kehrt zum wiederholten Genusse wieder, wer hier einmal empfand und genoss«, meinte Georg Werner, ein Zeitgenosse Heuers, in seinem Stadtführer. Angesichts des schönen Binnenalster-Panoramas glauben wir es ihm gern, wenn er dann noch sagt: »Ein instinctartiges Gefühl des Schönen und Angenehmen fesselt den Beschauer unbewußt, zauberisch und feenhaft bemächtigen sich die behaglichsten, heitersten Eindrücke unserer Sinne . . .«

Die Binnenalster, Hamburgs gute Stube, vom Neuen Jungfernstieg gesehen

A perfect picture for a postcard: a view of Neuer Jungfernstieg along the Inner Alster. Wilhelm Heuer's picture from 1860 is likewise impressive. Hamburg appears resplendent after it had risen like a phoenix from the ashes of the Great Fire of 1842. Bright-coloured buildings in classical style line Jungfernstieg and the newly created Alsterdamm. Only the ruined steeple of St. Petri church awaits repair. On the Alster is the first passenger steamer, the "Alina", which started operating on 15 June 1859. A veritable procession of people can be seen strolling along Neuer Jungfernstieg.

Un verdadero motivo de tarjeta postal: la vista del Neuer Jungfernstieg junto al Alster interior. Casi igual de representativa es la estampa conseguida por Wilhelm Heuer en el año 1860. Hamburgo resplandece como un Fénix resucitado de la ceniza del incendio en 1842. Casas claras y neoclásicas bordean el Jungfernstieg y el nuevo dique del Alster. Solamente falta construir la torre de St. Petri. En el Alster, el primer barco, la «Alina», que empezó a circular desde el 15 de junio de 1859. En el Neuer Jungfernstieg, contemplamos el desfile de los paseantes.

Un véritable motif de carte postale: la vue depuis le Neuer Jungfernstieg sur l'Alster intérieure. Elle est aussi prestigieuse sur la lithographie de Wilhelm Heuer de 1860. Le nouvel Hambourg y rayonne comme un phénix rené des cendres de l'incendie de 1842. De claires maisons néo-classiques bordent le Jungfernstieg et l'Alsterdamm récemment aménagé. Seul le clocher détruit de St. Petri attend d'être reconstruit. Sur l'Alster le premier bâteau de l'Alster, l'«Alina» qui circula à partir du 15 juin 1859. Sur le Neuer Jungfernstieg flânent des promeneurs.

Lithographie von Wilhelm Heuer nach eigener Zeichnung

Hamburg. Panorama des Alsterdamm's und alten Jungfernstiegs · Um 1860

Die Binnenalster, Hamburgs Herzstück, läßt uns nicht los; wir verschaffen uns direkt vom Jungfernstieg aus einen Überblick über das Alsterbecken, sehen links den Neuen Jungfernstieg mit dem strahlend weißen Hotel Vier Jahreszeiten und rechts im Hintergrund die Lombardsbrücke von 1868. Wilhelm Heuer entrollt 1853 das Panorama der Binnenalster vor unseren Augen. Klein und zierlich erscheint dort die Lombardsbrücke, ein dreibogiger Bau von 1827. Daneben das trauliche Motiv der Windmühle von 1641. Beide, Brücke und Mühle, mußten 1865 dem Neubau der breiten Lombardsbrücke weichen, über die auch der Eisenbahnverkehr nach Altona geführt wurde. Hamburg war um ein Wahrzeichen ärmer geworden. Vorne links erhebt sich das zierliche Gebäude des Alsterpavillons. Am Jungfernstieg das vertraute Bild derer, die Hamburg an seiner schönsten Stelle genossen. Weit im Hintergrund verliert sich der Blick an den Ufern der Außenalster. An der Ecke Neuer Jungfernstieg/Lombardsbrücke steht das 1855 erbaute, vom Volksmund »umgestürzte Kommode« genannte Amsinck'sche Palais, das 1960 abgebrochen wurde. Heute sehen wir dort den kleinen Mastenwald mit den Flaggen der Hamburger Reedereien.

Blick vom Jungfernstieg auf die Binnenalster

The Inner Alster, Hamburg's "best parlour", is fascinating at all times. Looking across this lake from Jungfernstieg we see the Vier Jahreszeiten Hotel on the left in Neuer Jungfernstieg and the Lombardsbrücke (built 1868) on the right in the background. Wilhelm Heuer unfolds a panorama of the same scene in 1853. In place of the Lombardsbrücke we see the more lightly constructed bridge from 1827 with windmill (built 1641). Both bridge and windmill were pulled down in 1865 to make way for the new Lombardsbrücke. In the foreground is the familiar scene of people enjoying a strolle along Jungfernstieg.

El Binnenalster, el salón de Hamburgo, no nos abandona. Desde el Jungfernstieg divisamos el Alster, a la izquierda vemos el Neuer Jungfernstieg con el hotel Vier Jahreszeiten y al fondo a la derecha el Lombardsbrücke de 1868. Wilhelm Heuer nos muestra el panorama del Alster interior en 1853. En lugar de ver el Lombardsbrücke vemos el débil puente de 1827, con el molino de viento, que se construyó en 1641. En 1865 tuvieron que hacer sitio el puente y el molino al Lombardsbrücke que aun existe. En primer plano, la conocida estampa de aquéllos que disfrutan del sitio más bonito de Hamburgo.

Nous ne quittons pas l'Alster intérieure. Depuis le Jungfernstieg nous embrassons du regard l'Alster, voyons à gauche le Neuer Jungfernstieg avec l'hôtel Vier Jahreszeiten et au fond à droite le Lombardsbrücke de 1868. Wilhelm Heuer déroule sous nos yeux le panorama de l'Alster intérieure en 1853. A la place du Lombardsbrücke, le gracile pont de 1827 avec le moulin à vent construit en 1641. En 1865 pont et moulin durent céder la place au Lombardsbrücke qui existe encore aujoud'hui. Au premier plan l'image familière à ceux qui contemplent Hambourg de sa plus belle perspective.

Lithographie von Wilhelm Heuer nach eigener Zeichnung

Neuer Jungfernstieg und Lombardsbrücke · 1853

Und nun der umgekehrte Blick: vom Neuen Jungfernstieg auf den Jungfernstieg und den Alsterpavillon. An der Ecke Große Bleichen steht das wuchtige Sandsteingebäude »Hamburger Hof«, in dem 1979 eine moderne Einkaufspassage eingerichtet worden ist. Diese Passage hatte einen Vorläufer. Den von Kandelabern eingefaßten Eingang sehen wir am Jungfernstieg im Hotel de Russie, das uns Peter Suhr 1850 zeigt. Es handelt sich um die allererste überdachte Shopping-Galerie Hamburgs: Sillem's Bazar. 1845 war der Bazar eröffnet worden, fünf Jahre später verkaufte Sillem die gesamte Anlage für knapp 65% ihres Wertes. Denn leider hatte sich erwiesen, daß das kaufende Publikum die Galerie nicht annehmen wollte. Bis 1880 dämmerte der »Bazar« dahin, dann wurden die Häuser Große Bleichen 16, 18 und 20 abgerissen und an der Stelle der Hamburger Hof erbaut. Doch zurück zu Peter Suhrs Bild. Gegen die eleganten neuen Häuser des Jungfernstiegs nimmt sich die Szene auf der Binnenalster wie ein Kleinstadtidyll aus. Vom Schwimmbaum aus waschen Frauen ihre Wäsche in der Binnenalster. Ein leichter Segelkahn mit Milcheimern hat festgemacht; der Milchmann trägt nach Art des Wasserträgers Hummel die Eimer den Laufsteg hinauf. Damals wurden die feineren Kreise Hamburgs noch direkt mit Lebensmitteln vom Lande versorgt. So war sie, die gute alte Zeit!

Blick auf den Alsterpavillon und den Hamburger Hof

And now a view the other way from Neuer Jungfernstieg to Jungfernstieg. On the corner of Grosse Bleichen we see the massive, sandstone building of the Hamburger Hof, which was converted into a modern shopping arcade in 1979. There was also an arcade here in the last century: Sillem's Bazaar. Peter Suhr depicted its entrance at the Hotel de Russie in Jungfernstieg in 1850. It was Hamburg's first shopping arcade. Regrettably the public did not take to it, and the hotel and neighbouring buildings were ultimately pulled down in 1880 and the Hamburger Hof built on the same site.

Y ahora la vista desde el otro lado del lago: desde el Neuer Jungfernstieg hacia el Jungfernstieg. En la esquina de Grosse Bleichen está el gran edificio de piedra arenisca, el «Hamburger Hof», donde en 1979 se construyó un pasaje. Este pasaje tiene un antecedente. La entrada recaía hacia el Jungfernstieg, en el Hotel de Russie, que nos muestra Peter Suhr en su litografía del año 1850. Sillem's Bazar fue la primera galería de Hamburgo cubierta. Pero el público no acogió este pasaje bien y en 1880 se derribó el Hotel de Russie y las casas vecinas y se construyó el «Hamburger Hof».

La vue inverse: du Neuer Jungfernstieg vers le Jungfernstieg. Au carrefour Grosse Bleichen s'élève le massif bâtiment en grès du «Hamburger Hof» qui abrite depuis 1979 un passage commerçant des plus modernes. Ce passage avait un précurseur. Nous en voyons l'entrée sur le Jungfernstieg dans l'Hôtel de Russie que nous montre Peter Suhr en 1850. Ce fut la première galerie couverte de Hambourg: le Bazar de Sillem. Malheureusement il n'eut pas de succès et dès 1880 l'Hôtel de Russie et les maisons voisines furent démolis et remplacés par le «Hamburger Hof».

Lithographie von Peter Suhr nach eigener Zeichnung, 1850

Hamburg, Der alte Jungfernstieg
nach dem Neubau, vom neuen Jungfernstiege gesehen · 1850

In der Vorweihnachtszeit erstrahlt der Neue Wall im Glanz der Lichterketten. Magnetisch zieht diese Straße seit weit über hundert Jahren die anspruchsvollen Käuferkreise Hamburgs an. Schon auf dem Bilde aus der Zeit um 1846 spürt man das Flair von großer Welt am Neuen Wall. Einkaufsstraße ist der Neue Wall erst geworden, nachdem er in neuer Gestalt aus den Brandruinen des Jahres 1842 wiedererstanden war. Doch einige Worte zur Geschichte dieser Straße. In den Jahren 1544 bis 1547 baute man zur Verstärkung der Hamburger Befestigungen parallel zum Alten Wall den Neuen Wall, auf Hogenbergs Vogelschaubild von 1589 (Seite 9) ist der Wall gut auszumachen. Nachdem der Festungsgürtel Anfang des 17. Jahrhunderts weitergezogen wurde, war der Neue Wall überflüssig. Er wurde abgetragen und um 1714 mit Häusern bebaut. Es entstand eine vornehme Wohnstraße für das gehobene Bürgertum. Was dann nach 1842 am Neuen Wall entstanden war, berichtet 1848 Friedrich Georg Buek: »Wie sehr hat sich das Aeussere und Innere der Häuser dieser Gasse verändert! Kaufläden in den Erdgeschossen, vor 30 Jahren etwas Unerhörtes, noch 1842 eine Ausnahme auf dem Neuenwall, bilden jetzt die Regel. Und welche Läden! Wie glänzen und strahlen und funkeln hinter den riesigen Glasscheiben die kostbarsten Erzeugnisse des Gewerbfleisses und der Kunst aller Länder, die Erzeugnisse aller Welttheile!«

Der Neue Wall im Glanz der Weihnachtslichter

The Christmas illuminations in Neuer Wall are always a great attraction. This has been one of Hamburg's most elegant shopping streets for more than a century. Already this picture from 1846 conveys something of its flair. Actually, Neuer Wall became a shopping street as a result of reconstruction after the Great Fire of 1842. It was first built 1544–47 as the "new wall" parallel to the "old wall" (see Hogenberg's engraving from 1589 on page 9). The Neuer Wall became superfluous when the ring of fortifications was widened at the beginning of the 17th century. The wall was levelled and houses built along the street around 1714.

Durante el tiempo prenavideño luce el Neuer Wall con sus cadenas de luces. Desde más de cien años atrae esta calle a los compradores exigentes de Hamburgo. La estampa de 1846 ya deja ver el «flair» mundanal. El Neuer Wall después de la reconstrucción de 1842 se convirtió en una calle de comercios. Durante los años 1544 hasta 1547 se construyó paralelamente al Alten Wall, el Neuer Wall que podemos ver en la estampa de Hogenberg de 1589 (página 9). Al principio del siglo XVII se ampliaron las murallas y el Neuer Wall resultó superfluo. Fue allanado y hacia 1714 se construyeron casas allí.

Avant Noël le Neuer Wall décoré avec des guirlandes de lumière. Depuis plus de cent ans cette rue abrite des magasins très chics. La vue de 1846 en donne déjà une idée. Le Neuer Wall n'est devenu une rue commerçante qu'après sa reconstruction après 1842. De 1544 à 1547 on construisit parallèlement au Alter Wall le Neuer Wall que nous distinguons nettement sur l'illustration de Hogenberg de 1589 (page 9). Au début du XVIIe siècle l'enceinte de fortification fut élargie et le Neuer Wall devint superflu. En 1714 il fut aplani et on bâtit à cet emplacement des maisons.

Lithographie von Valentin Ruths nach eigener Zeichnung, »unter Leitung von Carl Friedrich Beer«

Neuer Wall · Um 1846

Die Bergstraße kreuzt bei der Petrikirche die Mönckebergstraße und führt den Autoverkehr auf kurzem Wege von der Binnenalster in die Richtung Ost-West-Straße, St. Petris patinierte Turmpyramide prägt das Bild dieser kurzen Büro- und Geschäftsstraße. Bis 1838 hieß diese Straße »Hinter St. Peter«. Ihren neuen Namen hatte sie von dem »Berg« erhalten, dem ältesten Marktplatz Hamburgs, der nahe der Petrikirche lag und nach dem Brand von 1842 völlig verschwunden ist. Die Straße Hinter St. Peter ist 1248 erstmals erwähnt worden. Die Umgegend der Petrikirche und der ihr benachbarten Domkirche war bis zur Säkularisierung im Besitz des Domkapitels. So auch die meisten Häuser der Straße Hinter St. Peter, wo die Domherren ihre Wohnungen hatten. 1802 kamen die Domkurien in den Besitz Hamburgs. 1837 begann die Stadt mit Sanierungen und ließ die malerische Häuserzeile zu Füßen St. Petris abbrechen. Bereits 1838 war der nunmehr Bergstraße genannte Straßenzug mit modernen Putzbauten im klassizistischen Stil besetzt. Carl Alex. Lill zeigt uns diesen Bauzustand um 1840. Bergstraße und Petrikirche gingen im Mai 1842 in den Flammen unter. Doch schon Ende 1843 war die erneute Bebauung der Bergstraße vollendet. Die Fertigstellung des Petriturmes dauerte sehr viel länger: bis 1878.

Die Bergstraße mit der Petrikirche

The tapering steeple of St. Petri dominates Bergstrasse, a typical Hamburg business street. Prior to 1838 this street was called Hinter St. Peter and was first mentioned as far back as 1248. The area around the St. Petri church used to belong to the cathedral until secularization. So too most of the houses in the street Hinter St. Peter, where the prebendaries lived. Hamburg acquired ownership of the cathedral property in 1802. The picturesque houses were pulled down in 1837 and replaced with new buildings shown in the picture from 1840. The whole street was destroyed two years later by the Great Fire.

La cima patinada de la torre de St. Petri marca la foto de la Bergstrasse, una típica calle de oficinas y negocios de Hamburgo. Hasta 1838 se llamaba está calle «detrás de St. Peter»; en 1248 se mencionó por primera vez. Los alrededores de la Petrikirche eran propiedad de la catedral hasta la secularización. En la mayoría de las casas de la calle detrás de St. Peter vivían los canónigos. En 1802 recibió Hamburgo las propiedades de la catedral. En 1837 se derribaron las pintorescas casas con fachadas de entramado; en 1838 se terminó la nueva construcción mostrada en la estampa. Cuatro años más tarde fue destruida por el Gran Incendio.

Le sommet patiné du clocher de St. Petri domine la Bergstrasse, rue de bureaux et de magasins typique de Hambourg. Jusqu'en 1838 cette rue s'appela «Hinter St. Peter», elle avait été mentionnée pour la première fois en 1248. Les environs de l'église appartinent à l'Eglise jusqu'à la sécularisation en 1802, de même que la plupart des maisons de la rue «Hinter St. Peter» où habitaient les chanoines. En 1802 leurs possessions échurent à la ville. En 1837 les pittoresques maisons à colombage furent démolies et les nouvelles achevées en 1838 comme nous les voyons sur la gravure de 1840. L'incendie de 1842 détruisit cette rue.

Stahlstich von Johann Poppel nach Zeichnung von Carl Alexander Lill

Die Bergstrasse und die St. Petri-Kirche in Hamburg · Um 1840

Zurück zur Binnenalster. Am Neuen Jungfernstieg, nahe der Lombardsbrücke, stehen wir und sehen im Hintergrund den Jungfernstieg und den Turm des Rathauses. Rechts an der Ecke Fehlandstraße prangt im blendenden Weiß das ehemalige Amsinck-Palais (einst 1833 für Gottlieb Jenisch erbaut), seit 1970 Sitz des Übersee-Clubs. Die klar gegliederte Vorderfassade mit dem vergoldeten, ornamentalen Gitterwerk erinnert an die Zeit, als der Neue Jungfernstieg noch jung war. Peter Suhr zeigt uns den Neuen Jungfernstieg um 1835, als die Zeile klassizistischer Häuser gerade fertiggestellt war. Die Hamburger waren stolz auf die Fortsetzung ihrer Jungfernstieg-Promenade zur Lombardsbrücke hin. Entstanden war der neue Boulevard, als man von 1825 bis 1829 den Stadtwall zwischen Lombardsbrücke und Dammtor abtrug (wobei die Straße Esplanade angelegt wurde) und mit dem Material einen Damm entlang der Binnenalster aufschüttete. 1827 wurde der Neue Jungfernstieg für den Verkehr freigegeben, acht Jahre später war die Bebauung abgeschlossen. Was bis dahin nur den Bewohnern von Gänsemarkt und Dammtorstraße vorbehalten war, die an der Binnenalster ihre »Lust- und Küchengärten« hatten, war nun Allgemeingut geworden: der herrliche Blick von der Westseite des Bassins auf Hamburg.

Der Neue Jungfernstieg mit dem Amsinck-Palais

Back to the Inner Alster. Here we are standing in Neuer Jungfernstieg and looking towards Jungfernstieg and the City Hall. On the right stands the former "Amsinck Palace", a building in classical style, now home of the Übersee Club. Peter Suhr depicts Neuer Jungfernstieg around 1835, just after a new row of buildings had been completed. Now one could be satisfied that the beloved Jungfernstieg promenade had been extended. When the wall between the Lombardsbrücke and Dammtor was levelled 1825–29, the material was used for constructing a dam on the western bank of the Inner Alster, and this was then made into a second promenade.

Volvamos al Alster interior. Estamos en el Neuer Jungfernstieg y vemos al fondo Jungfernstieg y la torre del Ayuntamiento. A la derecha está el antiguo Amsinck-Palais, una obra del Neoclasicismo; hoy es la sede del Übersee-Club. Peter Suhr nos muestra el Neuer Jungfernstieg hacia 1835 recién acabadas las obras de la nueva fila de casas. Por fin tenían los hamburgueses una prolongación de su querido paseo Jungfernstieg. Cuando de 1825 hasta 1829 se destruyó la muralla entre el Lombardsbrücke y el Dammtor se echaron los escombros a la orilla del Alster interior, y se construyó encima un segundo paseo.

Retournons à l'Alster intérieure. Du Neuer Jungfernstieg nous voyons au fond le Jungfernstieg et le clocher de l'Hôtel de ville. A droite le bâtiment néo-classique de l'ancien Palais Amsinck, aujourd'hui siège de l'Übersee-Club. Peter Suhr nous montre le Neuer Jungfernstieg vers 1835 alors que la nouvelle rangée de maisons venait d'être achevée. Les Hambourgeois avaient enfin un prolongement de leur promenade préférée. Lorsque de 1825 à 1829 le remblai entre Lombardsbrücke et Dammtor fut enlevé, on construisit avec cette terre une digue dans l'Alster intérieure qui fut ensuite transformée en promenade.

Lithographie von Peter Suhr nach eigener Zeichnung

Der neue Jungfernstieg in Hamburg, von der Ecke der Esplanade gesehen · Um 1835

An der Binnenalster ein grüner Winkel. Unter den Linden des Neuen Jungfernstiegs läßt es sich gut rasten. Lustig flattern die hamburgischen Reedereiflaggen im Alsterwind. Seitdem Hamburg 1964 seinen 775jährigen Hafengeburtstag gefeiert hat, war es Sitte geworden, in dem kleinen Park an der Ecke Lombardsbrücke/Neuer Jungfernstieg alljährlich im Frühjahr die Flaggen zu hissen. Entstanden war der Park 1960, nachdem die »umgestürzte Kommode« (siehe Seite 119) abgebrochen worden war. An der Stelle sehen wir um 1845, vom Lithographen Carl Beer sehr fein dargestellt, die Ansicht der Neuen Halle, zusammen mit der Lombardsbrücke und der Windmühle. Im Oktober 1844 war das Haus eröffnet worden von Giovannoly & Comp., die auch eine wohlrenommierte Konditorei nahe der Ecke Jungfernstieg/Neuer Jungfernstieg betrieben. Der »Wandsbecker Bote«, ein Volksbuch für 1846, äußerte sich so: »Dieser Vergnügungsort pflegt am Tage geschlossen zu sein; in den Wintermonaten entwickeln die unter Leitung des Musikdirectors Aug. Canthal hier stattfindenden interessanten Abendunterhaltungen eines trefflich eingeübten Orchesters viel Anziehungskraft auf das musikliebende Publikum Hamburgs . . .« Dennoch, der Glanz des Hauses erlosch bald, es wurde 1854 bereits abgebrochen, um Platz zu machen für das Palais, das die Hamburger dann wegen seiner Ecktürmchen »umgestürzte Kommode« tauften.

Blick vom Neuen Jungfernstieg auf die Lombardsbrücke

A green corner overlooking the Inner Alster where one can relax. The flags of Hamburg's shipping companies flutter in the breeze. This small garden was created in 1960. In 1845, as the picture shows, a large hall stood on this site. Called the Neue Halle, it was opened in October 1844 and used for concerts. As interest began to wane, the building was pulled down (in 1854) and its place taken by the "Palais", which attracted the nickname "upturned tallboy" on account of the small towers at each corner (see page 119). This building was demolished in 1960.

Un rincón verde junto al Alster interior. Aquí se encuentra un lugar de descanso ideal. En el pequeño parque de 1960 ondean las banderas de las compañías navieras hamburguesas. En este sitio vemos en 1845 la Neue Halle junto al Lombardsbrücke y al molino de viento. En octubre de 1844 se inauguró la casa, que atrajo al público amante de la música. Cuando cambió el interés se derribó la casa, en 1854, para ceder sitio al Palais, que los hamburgueses llamaban «la cómoda tumbada» (página 119) porque tenía en cada esquina una torrecita. Esta casa se derribó en 1960.

Un coin de verdure sur l'Alster intérieure. Il fait bon s'y reposer. Les pavillons des armateurs hambourgeois flottent au vent dans le petit parc aménagé ici en 1960. Nous voyons à cet endroit la Neue Halle, le Lombardsbrücke et le moulin à vent vers 1845. Cette maison avait été ouverte en 1844 et tout d'abord suscité un vif intérêt auprès des mélomanes. L'intérêt diminuant, elle fut détruite en 1854 pour laisser la place au palais que les Hambourgeois appelèrent à cause de ses petites tours la «commode renversée» (page 119). Cette dernière fut démolie en 1960.

Lithographie von Carl Friedrich Beer nach eigener Zeichnung

Die neue Halle an der Alster · Um 1845

Durch die Esplanade rauscht unaufhaltsam der Autoverkehr. Die Geschäftsstraße wird geprägt von den beiden Hochhäusern, die hier 1960 und 1967 aufgeschossen sind. Kaum etwas erinnert in unseren Tagen an den Glanz von einst, als diese Promenade noch eine junge Schöpfung des Klassizismus gewesen war. Peter Suhr zeigt uns die Esplanade um 1830. Die Straße war 1829 bis 1830 auf dem Grund des abgetragenen Stadtwalles entstanden, sie war der erste exakt geplante Straßenzug der Stadt. Konzipiert nach den Pariser Boulevards, wies ihr Name auf eine breite Promenade hin. Die Häuser sollten, einheitlich in ihrer Architektur, den Eindruck eines großen Schlosses oder einer Palastreihe erwecken. Ernst Willkomm äußerte sich 1855 in seinem Büchlein »Von Berlin nach Hamburg« über die Esplanade als Wohnstraße: »Man glaube jedoch nicht, daß, weil dieser Stadttheil vom eigentlichen Welthandelsverkehre Hamburgs nicht oder doch wenig berührt wird, es ihm an Lebendigkeit mangele. Das Leben ist hier nur ein anderes. Die vielen eleganten Equipagen . . . geben ihnen einen durchaus vornehmen Anstrich. Man erkennt auf den ersten Blick, daß in diesem Stadttheile das Gold, das ihn entstehen ließ und so glänzend ausstattete, nicht gefunden worden ist, daß man hier weniger dem Erwerbe als dem feinern Genusse lebt . . .«

Die Esplanade mit den beiden Hochhäusern

The Esplanade today is a busy traffic thoroughfare. Two high buildings from the sixties are conspicuous features here. Hardly anything is left to remind us of the days when this avenue was once resplendent with fine examples of classical architecture. Peter Suhr depicted the Esplanade around 1830 just after it had been built on the area formed when the wall between the Lombardsbrücke and Dammtor had been levelled. The Esplanade was the first street in Old Hamburg to be built according to an architectural concept. By using the terrace style of building the individual houses were given the dignity of a palace.

Esplanade es hoy una arteria muy importante para el tráfico. Está marcada por los dos rascacielos que se construyeron en los años 1960 y 1967. Casi nada recuerda hoy el rico esplendor de la avenida en estilo neoclásico de otros tiempos. Peter Suhr nos muestra en su litografía Esplanade hacia 1830 cuando se acabó de construir, sobre la base de la muralla de la ciudad, entre el Lombardsbrücke y Dammtor. Esplanade fue la primera calle planificada de Hamburgo; con su arquitectura uniforme quería dar la impresión de una fila de palacios.

L'Esplanade aujourd'hui sous le signe de la circulation automobile. Elle est dominée par les deux buildings construits en 1960 et 1967. Bien peu de choses rappellent la splendeur de jadis alors que cette promenade était une jeune création du classicisme. Peter Suhr nous montre l'Esplanade en 1830, juste après son nouvel aménagement, et ce a l'emplacement de l'enceinte de la ville entre Lombardsbrücke et Dammtor. Elle fut la première rue conçue dans le vieil Hambourg. Avec son architecture homogène, elle devait donner l'impression une longue rangée de palais.

Lithographie von Peter Suhr nach eigener Zeichnung

Die Esplanade in Hamburg
von der Seite des neuen Jungfernstiegs gesehen · Um 1830

Vom Gorch-Fock-Wall geht der Blick auf das Westende der Esplanade mit dem verkehrsreichen Stephansplatz. Der Platz hatte 1887 seinen Namen nach dem Begründer des Weltpostvereines, Dr. von Stephan, erhalten. Rechts das 1883/87 in deutscher Renaissance erbaute Postgebäude, damals für die »Kaiserliche Ober-Post-Direction« eingerichtet. Von den Colonnaden her schwingt sich über die Esplanade die Fußgängerbrücke in den ersten Stock des »Hauses der Volksbanken«. Peter Suhrs Aquarell von 1830 zeigt uns die Wallpromenade mit ihren gerade neu angepflanzten Bäumen. Von der ehemaligen Bastion Rudolphus her sehen wir auf den Stadtgraben (links), den Zufahrtsweg zum Dammtor, und weit über die Außenalster nach St. Georg, wo der Turm der Dreieinigkeitskirche hervorlugt. Ganz rechts ducken sich die Giebel der Fachwerkhäuser hinter den Bäumen des Dammtorwalles. Ein schönes feiertägiges Bild vom damaligen neuen Hamburg, zwölf Jahre bevor der Große Brand in das alte Gefüge der mittelalterlichen Stadt eingreifen wird. Auch dieser Teil der Wallanlagen war von dem Bremer Kunstgärtner Altmann gestaltet worden. 1879/80 wurden die Wallanlagen abgetragen; auf dem Terrain wurde die Ringstraße angelegt, die dann zwischen Stephansplatz und Karl-Muck-Platz nach dem Ersten Weltkrieg in Gorch-Fock-Wall umbenannt worden ist.

Blick vom Gorch-Fock-Wall auf den Stephansplatz

A view of the Esplanade and Stephansplatz from Gorch-Fock-Wall. On the right is the Post Office building which was erected in 1887 in German Renaissance style. Peter Suhr has depicted the new walk along the city wall with its young trees. On the left is the old moat with access to the Dammtor; on the extreme right timber-frame houses can be seen behind the trees at Dammtorwall. A holiday scene in the newly built part of Hamburg at that time, 12 years before the Great Fire destroyed the old centre. The walls were levelled 1879–80 and the Ringstrasse was built. Part of this became named Gorch-Fock-Wall after 1918.

Desde el Gorch-Fock-Wall vemos Esplanade. A la derecha está el edificio de Correos, de 1887, estilo Renacimiento alemán. Peter Suhr nos muestra en el mismo sitio el nuevo paseo junto a la muralla, con sus árboles jóvenes. A la izquierda el foso de la ciudad, con la entrada a Dammtor. A la derecha del todo están las casas con entramado, tapadas por los árboles de la muralla de Dammtor. Doce años antes de que el Gran Incendio modificase la estructura de la vieja ciudad, nos muestra esta estampa el Hamburgo nuevo de entonces. En 1879/80 se trasladaron estos jardines a la Ringstrasse (tras 1918, en parte Gorch-Fock-Wall).

Depuis le Gorch-Fock-Wall on voit l'Esplanade et la Stephansplatz. A droite la poste construite en 1887 en style renaissance allemande. Peter Suhr montre au même endroit la promenade nouvellement aménagée avec ses jeunes arbres. A gauche le fossé de la ville avec Dammtor. A droite les maisons à colombage s'abritent sous les arbres du remblai de Dammtor. Une image du nouvel Hambourg de jadis, douze ans avant que le grand incendie ne transformât la structure de la vieille ville. En 1879/80 cet emplacement fut déblayé, la Ringstrasse fut aménagée, une partie rebaptisée après 1918 en Gorch-Fock-Wall.

Aquarell von Peter Suhr, 1830

Hamburg, Aussicht vom Walle nach dem Dammthore und der Esplanade · 1830

Mit wenigen Schritten sind wir zur Ecke Dammtorwall gelangt. Von dort sehen wir in Richtung Gänsemarkt in die Dammtorstraße. Beherrscht wird diese Straße von der großen Glasfassade der Hamburgischen Staatsoper, die 1955 nach den Plänen des Frankfurter Architekten Gerhard Weber fertiggestellt worden ist. Auf Peter Suhrs Lithographie von 1829 sehen wir an der Stelle der heutigen Staatsoper das Stadttheater, das von dem Hamburger Baumeister Carl Ludwig Wimmel nach Plänen des berühmten Architekten Carl Friedrich Schinkel erbaut worden war. Am 3. Mai 1827 hatte das Theater seine Pforten geöffnet mit der »Jubelouvertüre« von Carl Maria von Weber, einem szenischen Prolog von Prätzel und der Aufführung von Goethes »Egmont«. Das Haus pflegte klassische Dramen, neuere Schauspiele und Opern. Allerdings herrschte für Jahrzehnte am Theaterhimmel eine ziemliche Flaute, denn die Theaterfreudigkeit des Publikums hatte sehr nachgelassen. Erst unter Bernhard Pollinis Leitung gewann die Oper ab 1893 ihre alte Bedeutung wieder. 1874 und 1882 wurde das Theater grundlegend umgebaut, 1943 fiel es dann den Bomben zum Opfer. Heute gehört die Hamburgische Staatsoper zu den führenden Häusern der Welt; Günther Rennert, Heinz Tietjen, Rolf Liebermann und August Everding führten als Intendanten das Haus nach dem Zweiten Weltkrieg zu hoher Geltung, seit 1973 auch John Neumeier mit seinem Ballettensemble.

Die Dammtorstraße mit der Hamburgischen Staatsoper

It's only a short way to the corner of Dammtorwall where we can look into Dammtorstrasse. A striking feature of this street is the glass-fronted building of the Hamburg State Opera House which was rebuilt in 1955. The picture from 1829 shows the Stadttheater which used to stand here. This theatre was opened on 3 May 1827, but went through a difficult period during the years that followed owing to the public's lack of interest. Things improved from 1893 when Bernhard Pollini became director. The building fell victim to bombs in 1943, but has since re-emerged as an opera-house of world renown.

Tras pocos pasos llegamos a la esquina del Dammtorwall y vemos desde allí la Dammtorstrasse. La fachada de cristal de la Opera, construida de nuevo en 1955, enmarca la Dammtorstrasse. En la estampa de 1829 vemos en este sitio el teatro de la ciudad, que fue inaugurado el 3 de mayo de 1827. Pero el interés del público por el teatro local disminuyó en los decenios siguientes, hasta que Bernhard Pollini se hizo cargo de la dirección en 1893. En 1943 quedó destruida por los bombardeos esta Opera, que más tarde alcanzaría un prestigio internacional.

A quelques pas de là nous arrivons au carrefour Dammtorwall d'où nous voyons la Dammtorstrasse, qui est dominée par la façade en verre de l'Opéra municipal de Hambourg reconstruit en 1955. Sur l'illustration de 1829 nous voyons à cet endroit le Théâtre municipal qui avait ouvert ses portes le 3 mai 1827. Hélas l'intérêt du public pour le théâtre local diminua les décennies suivantes; ceci ne devait s'améliorer que sous la direction de Bernhard Pollini à partir de 1893. Il fut détruit en 1943 par les bombes et l'Opéra devait acquérir ensuite une réputation mondiale.

Lithographie, vermutlich von Peter Suhr nach eigener Zeichnung

Die Dammthorstrasse und das neue Schauspielhaus · 1829

Der Gänsemarkt ist einer der verkehrsreichsten Plätze der Innenstadt, er harrt der Umgestaltung. Zur Gerhofstraße hin soll er verkehrsberuhigt werden. Lessing, der jahrzehntelang zum Parkplatzwächter degradiert war, wird dann sich wieder seinen schönen Gedanken widmen können. Er blickt heute auf das 1979 vollendete moderne Bürohaus an der Ecke Büschstraße, in dem sich auf drei Ebenen die »Gänsemarkt-Passage« befindet. Auf diesem Grunde stand einst, bis 1877, Hamburgs erste Oper, das Comödienhaus Ackermanns von 1765. Genau dort begründete Gotthold Ephraim Lessing als Dramaturg anno 1767 bis 1770 das leider nur kurzlebige »Deutsche National-Theater«. 1767 wurde hier Lessings »Minna von Barnhelm« uraufgeführt. Auf dem Gänsemarkt sind übrigens nie Gänse gehandelt worden, überhaupt wurde hier kaum je Markt gehalten. Vielmehr hatte Ambrosius Gosen einst auf diesem Areal seine Gemarkung. Aus Goses Mark machte dann wohl der Volksmund das hochdeutsche Gänsemarkt. Das Aquarell zeigt 1841 das 1656 erbaute Wachgebäude des Bürgermilitärs. Der Gänsemarkt war der Alarmplatz für das 6. Bataillon. Alt- und Neustadt waren in sechs Bataillone eingeteilt. Wir sind Zeuge einer Wachparade des Bürgermilitärs, wie sie nach dem Reglement in der Zeit zwischen Michaelis und Ostern abzuhalten war. Bis zum 30. Juli 1868 hat die Institution des Bürgermilitärs bestanden, die Gänsemarkt-Wache wurde bereits 1859 abgebrochen.

Der Gänsemarkt mit dem Lessing-Denkmal

The Gänsemarkt is shortly to be pedestrianized in part. Lessing, who sits there on a pedestal in the middle, should approve of this. The statue faces an office block on the corner of Büschstrasse which was completed 1979. Up to 1877 this used to be the site of Hamburg's first opera-house which emerged from the short-lived Deutsche Nationaltheater founded by Lessing in 1767. His play "Minna von Barnhelm" had its premiere here in 1767. The watercolour from 1841 shows the local militia's guard-house which was built in 1656. A changing of the guard parade is taking place.

El Gänsemarkt va a ser convertido en parte en zona de tráfico más tranquila. Lessing, que dominaba el ambiente desde su estatua, podrá volver a sus pensamientos. Mira hacia el edificio de oficinas de 1979, en la esquina de la Büschstrasse. En este sitio (fondo) estuvo hasta 1877 la primera Opera de Hamburgo. Justamente allí fundó Lessing como dramaturgo, de 1767 hasta 1770, el «Deutsches National-Theater» que no duró mucho. En 1767 se estrenó aquí su «Minna von Barnhelm». La acuarela de 1841 muestra el edificio de 1656 desde el puesto de guardia de la milicia ciudadana. En ella vemos un cambio de guardia.

Une partie du Gänsemarkt doit devenir bientôt zône piétonne. Lessing, qui trône sur son socle au milieu de la circulation, pourra mieux s'adonner à ses réflexions. Il regarde le bâtiment achevé en 1979 au coin de la Büschstrasse, c'est là que se trouva le premier Opéra de Hambourg et que Lessing en sa fonction de dramaturge de 1767 à 1770 fonda le «Deutsches National-Theater», hélas éphémère. Sa «Minna von Barnhelm» y fut créée en 1767. L'aquarelle de 1841 montre le poste de garde construit en 1656. Nous voyons s'y dérouler une parade militaire.

Aquarell von A. Lehmann

Die Wacht-Parade des Bürgermilitairs auf dem Gänsemarkt in Hamburg · 1841

Nahe dem Gänsemarkt, an der Fuhlentwiete, erhebt sich eine der Hochburgen des Hamburger Pressewesens: das Verlagshaus Axel Springer. Die linke Seite der Straße wird völlig von dem 1950/58 erbauten Zeitungsgebäude eingenommen. Wo wir hinter den großen Scheiben des Zeitungshauses die Zylinder der Rotation sich drehen sehen, drehten sich einst die Paare im Walzertakt: wie wir im Bilde um 1855 erkennen. Bis zur Ausbombung 1943 stand auf dem nördlichen Teil des späteren Springer-Hauses (zur Caffamacherreihe hin) der Conventgarten, der einst eine bedeutende Rolle im Hamburger Musikleben gespielt hat. Nur noch eine Gedenktafel am Springer-Haus an der Seite Kaiser-Wilhelm-Straße erinnert heute an die Stätte, wo Hans von Bülow, Arthur Nikisch und Wilhelm Furtwängler Gastkonzerte gegeben haben. Unser Bild von einem Tanzball im Conventgarten führt uns in die Frühzeit dieses Etablissements, das J. J. S. Wörmer jun. in einem großen Garten am Rande des Gängeviertels am 24. Juli 1853 eröffnet hatte. 1855 ließ Wörmer das Konzerthaus bauen, dessen Eingang dort war, wo jetzt das Springerhaus endet. Am 27. Oktober schon konnte das Konzertgebäude eröffnet werden. Der im Bilde dargestellte Hauptsaal war an drei Seiten von Logen umgeben. Die drei Gaskronen und die Wandleuchter spendeten durch 235 Flammen eine helle Beleuchtung. Wir sehen die damals beliebte Kapelle des Musikdirektors A. Herzog aufspielen.

Das Verlagshaus Axel Springer an der Fuhlentwiete

Not far from Gänsemarkt is the tall building of the Axel Springer publishing house in Fuhlentwiete (built 1950–58). Where the huge presses can now be seen rotating behind the large glass windows of the Springer concern, in the last century couples used to revolve here to Viennese waltzes, as this picture of the Conventgarden shows. This hall played a large part in Hamburg musical life. The ball depicted takes us back to early days of the Conventgarden which was first opened as a garden restaurant in 1853. Two years later the concert-hall was built. Here we see the main auditorium with gas lighting.

Cerca del Gänsemarkt, en la Fuhlentwiete, está la editorial Axel Springer, que se construyó en 1950/58. Allí, detrás de las grandes cristaleras de la editorial Springer donde giran las rotativas del periódico, giraban las parejas al ritmo del vals: como lo vemos en la estampa de 1855. En este sitio estuvo el Conventgarten que ha tenido un importante papel en la vida musical hamburguesa. La estampa del baile nos traslada a los principios del Conventgarten, que se inauguró en 1853 como un establecimiento de esta clase. Dos años después se construyó la Sala de Conciertos, cuyo portal principal con iluminación de gas vemos en la estampa.

Près du Gänsemarkt, dans la Fuhlentwiete, s'élève la maison d'édition Axel Springer construite en 1950/58. Là où derrière les grandes vitres tournent les rotatives de Springer, des couples dansaient jadis la valse au Conventgarten, qui joua un rôle important dans la vie musicale de Hambourg. Cette image de bal que nous voyons sur l'illustration de 1855 nous transporte dans les premiers temps du Conventgarten qui avait été ouvert en 1853 comme local avec jardin. Deux ans plus tard fut construit l'établissement de concerts dont nous voyons la salle principale illuminée.

Lithographie von Eduard Lang, vermutlich nach eigener Zeichnung

Der Convent-Garten in Hamburg · Um 1855

Nun zurück zur Binnenalster, mitten in den Trubel des Autoverkehrs auf der Lombardsbrücke. Die Kandelaber der Brücke rahmen die Ansicht des Ballindammes stilvoll ein. Wir sehen die Türme von St. Jakobi, St. Petri und St. Katharinen (von links nach rechts). Wieviel gemächlicher spielte sich doch das Leben auf und an der Lombardsbrücke um 1834 ab. Peter Suhr hat diese hübsche Biedermeierszene festgehalten. Ganz links auf der Außenalster wird eine überdachte Spielschüte in Richtung Alte Rabe gerudert. Im Hintergrund St. Georg und die Dreieinigkeitskirche. Neben der Brücke erhebt sich die Windmühle. Durch das Brükkengeländer sehen wird die Häuser des Holzdammes (nach 1842 wurde dort der Alsterdamm vorgeschüttet und bebaut) und – von links nach rechts – St. Gertruden, St. Jakobi und St. Petri. Die dreibogige Lombardsbrücke war 1827 neu errichtet worden. Ein erster Holzsteg wurde hier 1620 zwischen den Bastionen Didericus und David angelegt, der dann 1739 von einer Fahrbrücke abgelöst wurde. In der Bastion Didericus wurde 1651 der Lombard erbaut, dieses Leihhaus gab der nahen Alsterbrücke dann den Namen. Auf dem Bilde Suhrs ist der Lombard nicht mehr zu sehen, er wurde 1827 bereits abgebrochen. Lombardsbrücke und Windmühle mußten dann 1865 dem Neubau der heute noch bestehenden Brücke weichen.

Blick von der Lombardsbrücke auf den Ballindamm und die Binnenalster

Now back to the Inner Alster, to the Lombardsbrücke and its heavy traffic. In the background we see Ballindamm and the churches of St. Jakobi, St. Petri and St. Katharinen. How much more easy-going life was on and around the Lombardsbrücke in 1834! The picture shows the peaceful walk along here in those days. On the left in the background is St. Georg and its church. The windmill stands beside the bridge. This Lombardsbrücke was built with three arches in 1827. The first wooden bridge linking two bastions was built here in 1620 and replaced in 1739 by a bridge for traffic.

Volvamos al Binnenalster y al Lombardsbrücke con su tráfico. Al fondo vemos, Ballindamm y las iglesias St. Jakobi, St. Petri y St. Katharinen. Qué tranquila era la vida hacia el año 1834 en el Lombardsbrücke. Aquí, la estampa del tranquilo paseo. Al fondo, a la izquierda, St. Georg con su iglesia. Al lado del puente está el molino de viento. El Lombardsbrücke, con sus tres arcos, se construyó en 1827. Inicialmente fue construida una pasarela de madera entre las dos bastiones en el año 1620, que luego fue sustituida por un puente para el tráfico en el año 1739.

Retournons à l'Alster intérieure, sur le Lombardsbrücke avec son intense circulation. Au fond le Ballindamm et les églises St. Jakobi, St. Petri et St. Katharinen. Que la vie était plus calme vers 1834 sur le Lombardsbrükke et dans son voisinage! Ici aussi une vue de la paisible promenade. Au fond à gauche St. Georg avec son église. A côté du pont s'élève le moulin à vent. Le pont Lombard à trois arches avait été reconstruit en 1827. Une première passerelle en bois avait été jetée en 1620 entre deux bastions des nouvelles fortifications et remplacée en 1739 par un pont.

Lithographie von Peter Suhr nach eigener Zeichnung

Die Lombardsbrücke in Hamburg mit dem Walle · Um 1834

Wir gehen über die Lombardsbrücke und sehen kurz vor dem Ferdinandstor auf die Binnenalster und die Geschäftshäuser des Ballindamms. Wo wir im Hintergrund den Turm des Rathauses erkennen, finden wir auf der alten Ansicht von 1827 das breite Dach des Johannisklosters mit dem Dachreiter. Links sehen wir an der Straße »Bey dem Drillhause« die Stallgebaude des Droschkenunternehmers Andly. Dahinter beginnt der unregelmäßig bebaute Holzdamm, der vom Alstertor an in die Straße »Bey dem Zuchthause« übergeht. Die hell beschienene Häuserzeile im Hintergrund ist die Straße »Bey der Kunst«, rechts davon der Jungfernstieg, wo wir vor dem Neuenwall den Schweizerpavillon erkennen. Ganz links die St. Jakobikirche mit ihrer neuen Turmspitze von 1827, es folgen die Türme von St. Katharinen und St. Petri, der Dachreiter des Rathauses an der Trostbrücke, das Johanniskloster und die Türme von St. Nikolai und St. Michaelis. Der Holzdamm führte seinen Namen zu recht, er war ein Stapelplatz für Holz. Eine Uferstraße parallel zur Binnenalster gab es nicht. Das änderte sich, als diese ganze Gegend auch 1842 vom Feuer verwüstet wurde. Aus dem Brandschutt wurde ein Damm in die Alster geschüttet, der dann Hamburgs vierte Binnenalster-Promenade werden sollte. 1947 wurde der Alsterdamm in Ballindamm umbenannt.

Blick vom Ferdinandstor auf den Ballindamm

Crossing the Lombardsbrücke we come to Ferdinandstor where we have a view of the Inner Alster and the business buildings lining Ballindamm. In the picture from 1827 we notice the wide roof of the Johannis Monastery where the City Hall tower now rises in the background. The left bank of the Inner Alster had still not been built up entirely. The two streets there were Bey dem Drillhause and Holzdamm. In the background on the right is the avenue of lime-trees at Jungfernstieg. A road was later built along the bank of the Alster by using the rubble resulting from the Great Fire. This was called Alsterdamm, and later renamed Ballindamm in 1947.

Pasemos el Lombardsbrücke y llegamos a Ferdinandstor. Desde allí vemos los comercios de Ballindamm y del Alster interior. Donde está al fondo la torre del Ayuntamiento, vemos en la estampa de 1827 el ancho techado del Johanniskloster. La orilla de la izquierda del Alster interior estaba construida irregularmente. Allí estaban las calles «Bey dem Drillhaus» y «Holzdamm» donde se amontonaba la madera. Al fondo, a la derecha, la avenida de tilos del Jungfernstieg. Una calle junto a las orillas y el dique del Alster se construyeron después del Gran Incendio de 1842 acumulando los escombros.

Nous prenons le Lombardsbrücke et arrivons à Ferdinandstor. De là nous voyons les maisons de commerce de Ballindamm et l'Alster intérieure. Là où nous voyons au fond la flèche de l'Hôtel de ville, nous distinguons sur la vue de 1827 le large toit du monastère Johannis. La rive gauche de l'Alster intérieure était encore très irrégulièrement bâtie. Il y avait là les rues «Bey dem Drillhause» et l'entrepôt pour le bois, le «Holzdamm». Au fond à droite l'allée de tilleuls du Jungfernstieg. Une rue riveraine, l'Alsterdamm ne fut aménagée qu'après l'incendie de 1842. – L'Alsterdamm fut rebaptisé en Ballindamm en 1947.

Lithographie von Christian E. B. Morgenstern
nach eigener Zeichnung »unter Leitung von C. Suhr«

Hamburg, Aussicht vom Walle
beim Holzdamm über die Binnen-Alster · Um 1827

Mit wenigen Schritten sind wir am Glockengießerwall zur Kunsthalle gelangt und sehen von dort zurück auf die Kreuzung des Ferdinandstores, auf die Binnenalster zur Linken, die Lombardsbrücke und ganz rechts auf das Kunsthaus des Berufsverbandes Bildender Künstlern, gebaut 1963. 1856 zeigt uns Wilhelm Heuer den gleichen Blick, damals von der Alsterhöhe auf die Binnenalster, auf die Windmühle und die »umgestürzte Kommode« an der Lombardsbrücke. Im Vordergrund rechts die Brücke, das Tor und das Wachhaus des Ferdinandstores. Dieses 1830 eingerichtete Tor führte hinaus zur Vorstadt St. Georg. Rechts im Hintergrund die Außenalster mit den Häusern des Alsterglacis. Ungehindert geht der Blick über die jungen Bäume an der Lombardsbrücke hinüber zur Esplanade. Neun Jahre später, 1865, sollte sich dieses hübsche Panorama der Wallanlagen sehr verändern. Lombardsbrücke und Windmühle wurden abgebrochen, dafür wurde dann die breite Lombardsbrücke mit ihren Eisenbahngleisen 1868 angelegt. Die Alsterhöhe verschwand ebenfalls, auf ihrem Grund entstand 1863 bis 1865 die Hamburger Kunsthalle. Heute sehen wir an der Mauer nahe der Kunsthalle ein Überbleibsel der Internationalen Gartenbauausstellung 1973, die orangefarbige Röhrenplastik mit der achtgliedrigen Ankerkette des Bochumer Künstlers Friedrich Gräpel.

Blick von der Hamburger Kunsthalle auf Ferdinandstor und Lombardsbrücke

Just up the road we come to the Kunsthalle (Art Gallery). From here we can look back towards the Lombardsbrücke and the Inner Alster. On the right at Ferdinandstor is the Kunsthaus which was built in 1963. The orange-coloured anchor chain before it was designed by the Bochum artist Friedrich Gräpel. In 1865 we would be looking down from the high ground here towards the windmill on the Lombardsbrücke and Esplanade. On the right is the Ferdinandstor (built 1830), the gateway leading to St. Georg. The Lombardsbrücke was pulled down in 1865 and replaced three years later by the new bridge with railway.

Unos pasos más y llegamos a la Kunsthalle. Desde allí vemos detrás el Lombardsbrücke y el Alster interior. A la derecha del todo junto al Ferdinandstor, la «Kunsthaus» construida en 1963. En primer plano, la cadena de ancla naranja del artista de Bochum Friedrich Gräpel. En 1865 vemos aquí, desde la elevación del Alster, el molino de viento junto al Lombardsbrücke y Esplanade. A la derecha, el Ferdinandstor construido en 1830, que llega al suburbio St. Georg. Ya en 1865 se derribaron el Lombardsbrücke y el molino de viento y en 1868 se terminó el nuevo puente con sus vías de ferrocaril.

Quelques pas plus loin se trouve la Hamburger Kunsthalle. De là nous apercevons le Lombardsbrücke et l'Alster intérieure. Tout à fait à droite à Ferdinandstor la «Kunsthaus» construite en 1963. Au premier plan l'ancre orange de l'artiste de Bochum Friedrich Gräpel. Depuis l'Alsterhöhe nous voyons ici le moulin à vent près du Lombardsbrücke et l'Esplanade. A droite la Ferdinandstor aménagée en 1830 qui menait à la banlieue St. Georg. Dès 1865 le Lombardsbrücke et le moulin furent démolis et, en 1868 fut achevé le nouveau pont avec sa voie ferrée.

Lithographie von Wilhelm Heuer nach eigener Zeichnung

Esplanade von der Alsterhöhe gesehen · 1856

Wo die Verkehrsströme vom Westen und Osten der Alster zusammentreffen, an der Kreuzung Kennedybrücke – Ferdinandstor – An der Alster, stehen wir und sehen auf das Hotel Atlantic und die Geschäftshäuser am Ufer St. Georgs. Um 1838 war dies noch eine stille Gegend. St. Georg war damals eine der beiden Vorstädte Hamburgs. Unser Blick reicht von der Lohmühle im Hintergrund bis zum Ferdinandstor, dessen Brücke und Wachgebäude vorn rechts erscheinen. Links im Wasser der Außenalster der sogenannte Alsterbaum, Bestandteil der Hamburger Akziselinie: hier mußten die Alsterschiffer für eingeführtes Holz, Torf, Korn und Salz Akzise bezahlen, eine Art von Verbrauchssteuer. Die Dreieinigkeitskirche, 1747 erbaut, krönt das idyllische Alsterpanorama. Die Straße »An der Alster« war um 1680 entstanden. Der Topograph von Heß gibt für das Jahr 1789 die Zahl der hier vorhandenen Häuser bereits mit 25 an, diese Häuser waren über die Gärten verteilt. Erst nach der Franzosenzeit wurde die Straße An der Alster mit einer durchgehenden Häuserzeile bebaut. 1872 wurde die Straße in die Außenalster hinein verbreitert und mit Bäumen promenademäßig bepflanzt. Die Anlieger behielten ihren Alsterblick, denn die Linden wurden in der Höhe des ersten Stocks beschnitten und glatt geschoren. 1909 wurde im Palaststil das Hotel Atlantic erbaut, das zu den besten Häusern des gastlichen Hamburgs zählt.

Die Straße An der Alster und das Hotel Atlantic

The junction of Kennedybrücke and Ferdinandstor is where traffic coming from the east and west of the Alster meets. Here we have a view of the Atlantic Hotel and the eastern bank of the Outer Alster at St. Georg. This was a peaceful area around 1838. St. Georg was one of Hamburg's two suburbs. The road "An der Alster" was first built in 1680. 25 houses dotted about in gardens are supposed to have stood here in 1789. It was only after the French Occupation that a continuous row of houses was built along An der Alster. The Atlantic Hotel was erected in palatial style in 1909.

En el cruce Kennedybrücke – Ferdinandstor se junta el tráfico del Este y Oeste del Alster. Desde aquí vemos el Hotel Atlantic y los comercios a orillas de St. Georg. Esto era hacia 1838 un barrio tranquilo. St. Georg fue uno de los dos suburbios de Hamburgo. Nuestra vista llega desde Lohmühle hasta Ferdinandstor, a la derecha. La calle «An der Alster» surgió hacia 1680. En 1789 debía haber unas 25 casas repartidas en los jardines. Después de la época de los franceses se construyó una fila entera de casas en la calle «An der Alster». En 1909 se construyó el Hotel Atlantic en estilo palatino.

Au carrefour Kennedybrücke – Ferdinandstor se retrouvent les véhicules venant de l'est et de l'ouest de l'Alster. De là nous voyons l'Hôtel Atlantic et les maisons de commerce sur la rive de St. Georg. Vers 1838 c'était ici un coin tranquille. St. Georg était l'une des deux banlieues de Hambourg. Notre vue va de Lohmühle à tout à fait à droite Ferdinandstor. La rue «An der Alster» vit le jour en 1680. Ici, éparpillées dans les jardins, il y eut 25 maisons. Ce n'est qu'après l'«époque française» qu'elle fut bordée d'une rangée ininterrompue de maisons. L'Hôtel Atlantic fut construit en 1909 en style de palais.

Lithographie der Lithogr. Anstalt Nestler & Melle

Vorstadt St. Georg und die Alster-Gegend · Um 1838

Wenn im Winter die Alster zugefroren ist, vergnügt sich halb Hamburg auf der weiten Eisfläche mitten in der Großstadt. Es bilden sich dann richtige Trampelpfade, auf denen in langen Reihen Tausende von Menschen wandern. Die Jugend ist auf Schlittschuhen oder mit dem Schlitten unterwegs. Das Foto von der Kennedybrücke gibt einen Eindruck vom Wintervergnügen auf der Außenalster. Dieses Vergnügen hat durchaus Tradition. Das Bild aus der Zeit um 1830 beweist es. Da haben wir eine ähnliche Sicht auf die Stadt mit ihren Türmen. Im Mittelgrund die Lombardsbrücke mit der Windmühle. Wie auf Suhrs Bild von der zugefrorenen Elbe (Seite 25), sehen wir auch hier Schlitten, die von Pferden gezogen werden. Links ein Zelt, wo man sich an heißem Ingwerbier oder Branntwein erwärmen konnte. Den Damen war es vorbehalten, in Schlitten die Winterfreuden zu erleben. Erst ab Mitte des 19. Jahrhunderts kam der Brauch auf, daß sich auch das schwächere Geschlecht der Schlittschuhe bemächtigte. Der Alsteraufseher, der im Sommer die Alsterschwäne zu betreuen hatte, war im Winter beauftragt, die Eisbahnen in Schuß zu halten. Die Bahnen waren genau abgesteckt, numeriert und an »zuverlässige Personen« vermietet. Es gab eine Verordnung der Polizeibehörde, die den Mietern der Eisbahnen vorschrieb, daß alles stets vom Schnee und Unrat gereinigt werden mußte. Dafür waren die Unternehmer berechtigt, »bei den die Bahn passirenden Schlittschuhläufern zu sammeln.«.

Winterfreuden auf der Außenalster vor der Kulisse der City

When the Alster freezes over in winter, half of Hamburg takes to the ice. The photo with the Kennedybrücke in the background shows what it is like when the lake is thronged with people. Fun on the ice has a long tradition in Hamburg, as the picture from around 1830 proves. Here we have a similar view of the city centre with its steeples. In the middle distance is the Lombardsbrücke with windmill. As in Suhr's illustration of the frozen Elbe (page 25), we also see horse-drawn sledges. On the left is a marquee where people could warm themselves with hot ginger beer and brandy.

Cuando en invierno se hiela el Alster casi todo Hamburgo se divierte sobre él. La foto del Kennedybrücke nos da una impresión de la diversión invernal sobre el Alster exterior. Las diversiones invernales tienen su tradición, como muestra la estampa hacia 1830. Allí apreciamos una vista semejante en dirección a la ciudad, con sus torres. En el centro, el Lombardsbrücke con su molino de viento. Como en la estampa de Suhr del Elba helado (página 25), vemos aquí también caballos tirando de un trineo. A la izquierda, una tienda de campaña, donde se podía calentar uno con una cerveza caliente de jengibre y un coñac.

Quand l'Alster est gelée, la moitié des Hambourgeois se retrouvent sur la glace. La photo sur laquelle on voit le Kennedybrücke donne une impression de ces plaisirs hivernaux qui ont une longue tradition comme le montre l'illustration de 1830 où nous avons une vue semblable sur la ville avec ses clochers. Au centre le Lombardsbrücke avec le moulin à vent. Comme sur la gravure de Peter Suhr montrant l'Elbe gelée (page 25) il y a ici des traîneaux tirés par des chevaux. A droite une tente où l'on pouvait venir se réchauffer avec de la bière de gingembre chaude et de l'eau-de-vie.

Lithographie von Jan Willem Vos nach eigener Zeichnung

Hamburg von der Aussen-Alster (im Winter) · Um 1830

Jetzt ein Abstecher zum linken Alsterufer, zum Stadtteil Hohenfelde. An der Kuhmühlenbrücke stehen wir und blicken über die Mundsburger Brücke bis hin zum Fernsehturm. Vom Grün fast ganz verhüllt die Armgartstraße, links die roten Backsteinhäuser der Straße Kuhmühle. 1848 tritt uns an gleicher Stelle ein ländliches Mühlenidyll entgegen. An der Landstraße von Hamburg nach Barmbek erhob sich damals die Kuhmühle, das Wasserrad war verborgen unter einem glockenförmigen Verschlag. Nur kurz war die Brücke über die Eilbek, die, nachdem sie hier das Mühlenrad angetrieben hatte, alsbald in die Außenalster floß. Der Besitzer der Kuhmühle, Hartwig von Stormarn, taucht in einer Akte von 1247 auf. Nach ihm wurde später die Hartwicusstraße benannt, und nach der ersten Müllerin die Armgartstraße. Als die Franzosen 1813 rings um Hamburg alle Häuser zerstörten, blieb die Mühle unangetastet, weil man wohl auf das tägliche Brot nicht verzichten konnte. Die Kuhmühle war eine der einträglichsten städtischen Mühlen, sie hatte eine große Zahl sogenannter Zwangsmahlgäste. Alle Einwohner der Umgegend waren hier mahlpflichtig. Die Branntweinbrenner von St. Georg und die Amidammacher am Grünendeich waren Hauptkunden der Mühle. Aus einem Pachtvertrag von 1749 geht hervor, daß mit der Mühle auch Fischereirechte und ein Bierausschank verbunden waren. 1879 ist die schöne alte Mühle abgebrochen worden.

Blick von der Kuhmühlenbrücke auf die Kreuzung Kuhmühle/Armgartstraße

If we leave the Outer Alster for a moment, we come to the district of Hohenfelde on the east bank. From the Kuhmühlenbrücke we can look towards the corner of Kuhmühle and Armgartstrasse. In 1848 an idyllic scene would have greeted us, for an old water-mill, the Kuhmühle, stood on this very site beside the small river Eilbek. Its water-wheel was concealed beneath a bell-shaped housing. The owner of the Kuhmühle, Hartwig von Stormarn, was already mentioned in the records in 1247. In 1813 the French destroyed all the houses around Hamburg, but the mill was left untouched. It was ultimately pulled down in 1879.

Ahora un paseo por la orilla izquierda del Alster, hacia el barrio Hohenfelde. En el Kuhmühlenbrücke dirigimos la vista hacia la esquina Kuhmühle/Armgartstrasse. En el mismo sitio, en 1848, nos encontramos aquí un idilio campestre. Cerca de la carretera de Barmbek a Hamburgo estaba el riachuelo Eilbek, donde estaba la Kuhmühle. Su rueda estaba cubierta por un cobertizo en forma de campana. Ya en 1247 figura en un acta el dueño del Kuhmühle, Hartwig von Stormarn. Cuando destruyeron los franceses todas las casas alrededor de Hamburgo, en 1813, dejaron el molino intacto. En 1879 fue derribado.

Faisons maintenant un détour vers la rive gauche de l'Alster, dans le quartier Hohenfelde. Du Kuhmühlenbrücke nous voyons le carrefour Kuhmühle/Armgartstrasse. Au même endroit idylle champêtre en 1848. Au bord de la route reliant Barmbek à Hambourg se trouvait sur la petite rivière Eilbek le Kuhmühle. Sa roue à eau était protégée par un abri campanulé. Le propriétaire de ce moulin, Hartwig von Stormarn, est mentionné dans un document de 1247. Lorsque les Français détruisirent en 1813 toutes les maisons autour de Hambourg, le moulin fut épargné. Il ne fut démoli qu'en 1879.

Lithographie von Valentin Ruths nach eigener Zeichnung, 1848

Die Kuhmühle · 1848

Und noch einmal die Außenalster als Winterlandschaft. Vom Ufer Winterhudes, von der Bellevue, sehen wir auf die von Menschen übersäte Eisfläche. Auf dem linken Alsterufer wird neben dem Bootshaus ein Park sichtbar. Dort lag einmal das Uhlenhorster Fährhaus. Das erste, noch sehr bescheidene Fährhaus von 1840 hat Wilhelm Heuer um 1852 auf dem schönen Winterpanorama ganz links festgehalten. Wir sehen auf die Türme Hamburgs, allerdings fehlen die von St. Petri und St. Nikolai, die 1842 ein Raub der Flammen geworden waren. Vor der Stadtkulisse das vertraute Bild von Lombardsbrücke und Windmühle. Fußgänger, Schlittschuhläufer und pferdegezogene Schlitten bilden eine lange Karawane von der Uhlenhorst bis in die Stadt. Das Schlittschuhlaufen nach holländischem Vorbild war übrigens schon seit Ende des 17. Jahrhunderts in Hamburg Brauch geworden. Auch auf diesem Bilde erscheinen in der Nähe der Lombardsbrücke Zelte, in denen sich die »Wintersportler« bei heißen Getränken wärmen konnten. Daß dies in noch größerer Auswahl im Uhlenhorster Fährhaus möglich war, liegt auf der Hand. Wir sehen, die Alster war und ist den Hamburgern zu jeder Saison ein geliebtes Freizeitparadies.

Die Außenalster, ein Winterparadies: gesehen von der Bellevue

Another view of the Outer Alster as a winter paradise. Looking from Bellevue on the Winterhude bank we see masses of people on the frozen lake. A small park is visible on the left. This used to be the site of the Uhlenhorst Ferry-House. The first ferry-house, appearing small and modest, was built in 1840 and is shown on the extreme left in Wilhelm Heuer's winter scene from around 1852. In the background is the familiar sight of the Lombardsbrücke and windmill against the city backcloth. An endless line of people on skates, in sledges or on foot stretches from Uhlenhorst as far as the city centre.

Una vez más el Alster exterior como paraíso invernal. Desde la orilla de Winterhude, desde Bellevue, vemos la superficie helada llena de personas. En la orilla de la izquierda se puede ver un pequeño parque. Allí estaba el embarcadero Uhlenhorst. El primer edificio, aún pequeño, de 1840, lo vemos en el panorama invernal de Heuer, a la izquierda del todo, en 1852. Al fondo, la vista familiar del Lombardsbrücke y el molino de viento, ante el escenario de Hamburgo. Patinadores, paseantes en trineo y peatones forman una larga caravana desde Uhlenhorst hasta la ciudad.

Encore une fois l'Alster extérieure se présentant comme un paradis hivernal. Depuis la rive de Winterhude, depuis Bellevue nous voyons l'Alster gelée noire de monde. Sur la rive gauche on aperçoit un petit parc. Là se trouvait jadis le Fährhaus d'Uhlenhorst. Sur la vue d'hiver de Heuer de 1852 nous voyons le premier et modeste Fährhaus. Au fond le panorama familier du Lombardsbrücke et du moulin devant le décor de la ville. Patineurs, promeneurs en traîneau et piétons forment une longue caravane ininterrompue depuis Uhlenhorst jusqu'au centre de la ville.

Lithographie von Wilhelm Heuer nach eigener Zeichnung

Die Grosse Alster.
Uhlenhorst – St. Georg – Hamburg · Um 1852

Nahe dem »Kleinen Fährhaus« im Alsterpark haben wir vom Harvestehuder Ufer den Blick auf die Uhlenhorst. Links dort der Park, wo einst das glanzvolle Uhlenhorster Fährhaus sein Domizil hatte. Dann die Häuser der Segel- und Rudervereine. Daneben die beiden Türme der 1970 vollendeten persischen Moschee. Weiter rechts ragt aus einem modern gestaffelten Wohnhaus ein weißes Türmchen auf. Genau dieser Turm begegnet uns auf Wilhelm Heuers Bild von 1861 ganz rechts als Bekrönung einer typischen Villa im Tudorstil. Stolz erheben sich an der Schönen Aussicht die neuen Landhäuser in ihrer englisch-neugotischen Architektur. Eine leichte Brise treibt die Segler vorwärts. Damen rudern zum Vergnügen, die Herren im Sportboot mehr zur Ertüchtigung. Vom Harvestehuder Ufer kommend die 1845 eingerichtete Wagenfähre. Im Hintergrund Eppendorfs St. Johanniskirche. Neue Gäste bringt zum Uhlenhorster Fährhaus das kleine gedeckte Dampfschiff, die »Alina«. Dieses erste aller Alsterschiffe war am 15. Juni 1859 in Dienst gestellt worden. Die Alsterflotte war bis 1861 um weitere fünf »Dampfböte« vermehrt worden. In einer Zeitungsanzeige des Besitzers von Fähre und Fährhaus, des Herrn Schultz, liest man am 29. Juli 1861, daß nach den Abendkonzerten im Fährhaus »ununterbrochen erleuchtete Dampfböte von Uhlenhorst nach der Rabenstraße und Alsterterrasse, nahe dem Dammthore« verkehrten.

Blick von Harvestehude auf das Ufer der Uhlenhorst

From the Alster Park in Harvestehude we have a view across the Outer Alster of Uhlenhorst. On the left is a small park where the Uhlenhorst Ferry-House once used to stand, then the club-houses of the sailing and rowing clubs, and just behind, the minarets of the Iranian mosque (built 1970). Further right is a modern house with a white tower. It is exactly this tower which we recognize in the lithograph from 1861 (extreme right) as part of a villa in Tudor style. In the foreground is the "Alina", the Alster fleet's first steamer. She went into operation on 15 June 1859. The ferry on the left started up in 1845.

Desde el parque del Alster, en Harvestehude, la vista se extiende hacia el Außenalster y el barrio Uhlenhorst. A la izquierda, el parque donde estuvo el embarcadero de Uhlenhorst. Luego la sede de los clubs de vela y remo. Al lado, las torres de la mezquita iraní, de 1970. Más a la derecha una casa moderna con torres blancas. Justamente esta torre aparece también en la litografía de 1861, a la derecha del todo, como parte de un chalet estilo Tudor. Las casas de campo estaban entonces recién acabadas de construir. En primer plano, el primer barco a vapor de la flota del Alster, la Alina.

De l'Alsterpark à Harvestehude nous apercevons au-delà de l'Alster extérieure le quartier d'Uhlenhorst. A gauche le parc où était jadis le Fährhaus. Puis les maisons des clubs de voile et d'aviron. A côté les clochers de la mosquée iranienne construite en 1970. Plus à droite un immeuble moderne avec une tourelle blanche. Cette tour, nous la retrouvons sur la lithographie de 1861 tout à fait à droite. Les maisons de campagne venaient tout juste d'être construites. Au premier plan le premier vapeur de la flotte de l'Alster, l'«Alina», en circulation depuis le 15 juin 1859. A gauche le bac à voitures mis en service en 1845.

Lithographie von Wilhelm Heuer nach eigener Zeichnung

Uhlenhorst, Landhäuser · 1861

Wir schauen uns auf der Uhlenhorst in dem kleinen Park um, der an der Fährhausstraße liegt und einen schönen Ausblick auf Hamburgs Innenstadt bietet. Auf den Bänken läßt es sich gut rasten und das Kommen und Gehen der weißen Alsterschiffe verfolgen. Nichts erinnert heute hier am Ufer der Außenalster daran, welches Leben unter den Bäumen des kleinen Parks stattgefunden hat. Das Bild Karl Müllers aus der Zeit um 1890 bringt uns den Glanz von einst nahe. Wir werden förmlich hineingezogen in die abendliche Szenerie. Der illuminierte Fährhausgarten ist voller vornehmer Damen und Herren, gekleidet in den Moden der Epoche. Aus der erleuchteten Musikmuschel im Hintergrund klingen Walzerklänge herüber. Aus dem Dunkel der Außenalster lösen sich die Lichter der Alsterschiffe; im kleinen Hafen des Fahrhauses dümpeln Ruderboote mit jungen Paaren. Berühmt war das Fährhaus für seine Feuerwerke. 1872/73 hatte Martin Haller den prächtigen Neubau des Fährhauses errichtet, in dem Generationen von Hamburgern rauschende Feste gefeiert haben. Im Sommer 1943 besiegelten die Bomben das Schicksal dieser gastlichen Stätte. Nach dem Kriege fand in der Ruine noch eine bescheidene Restauration statt, bis sämtliche Überreste des Fährhauses fortgeräumt wurden. Ein strahlender Stern am gastronomischen Himmel der Hansestadt war erloschen.

Der Park, wo einst das Uhlenhorster Fährhaus stand

The small park beside Fährhausstrasse is where the Uhlenhorst Ferry-House used to stand. One always has a fine view of the centre of Hamburg from here. Around 1890 the ferry-house used to be a great centre of attraction. Here we see the garden lit up in the evening with elegantly dressed people relaxing under the trees. An orchestra is playing on the bandstand in the background. The small harbour is full of rowing boats. The ferry-house was famous for its firework displays. It was built in elegant style in 1873 and destroyed by bombs during the last war. All that remains is a small park full of memories.

Echemos un vistazo hacia el pequeño parque junto a la Fährhausstrasse, donde estuvo el Uhlenhorster Fährhaus, que fue destruido por las bombas en 1943. Desde aquí aun se puede disfrutar de la bella vista hacia el centro de Hamburgo. Hacia 1890 somos testigos de la vida bajo los árboles del Fährhaus. El jardín iluminado está lleno de elegantes damas y caballeros. Desde la concha de música al fondo resuenan los valses. En el pequeño puerto del embarcadero hay barcas de remos con parejas jóvenes. El embarcadero era famoso por sus fuegos artificiales. Solamente ha quedado un pequeño parque y los recuerdos.

Regardons autour de nous dans le petit parc au bord de la Fährhausstrasse où jadis se trouvait le Fährhaus d'Uhlenhorst bombardé en 1943. De là on a toujours une belle vue sur le centre ville. Nous sommes témoins de la vie qui se réroulait vers 1890 sous les arbres du Fährhaus. Le jardin illuminé est plein de dames et de messieurs élégamment vêtus. Du pavillon de musique retentissent des accents de valse. Dans le petit port devant le Fährhaus des bateaux à rames avec des jeunes couples. Le Fährhaus était célèbre pour ses feux d'artifice; reste aujourd'hui un petit parc riche de souvenirs.

Holzstich (anonym) nach Zeichnung von Karl Josef Müller

Abend am Uhlenhorster Fährhaus bei Hamburg · Um 1890

Auf der Wanderung entlang der Alster kommen wir an der Kreuzung Frauenthal/Mittelweg zum Harvestehuder Weg. Im Hintergrund erkennen wir den nadelspitzen Turm der Hauptkirche St. Nikolai, die seit 1962 hier die Tradition der 1943 am Hopfenmarkt zerstörten alten Nikolaikirche fortsetzt. Wo wir ganz rechts die weißen Balkons eines modernen Wohnhauses sehen, lag einst das Waisenhaus, das Wilhelm Heuer 1855 dargestellt hat. Damals hatte die Gegend noch alle Vorzüge einer ländlichen Umgebung. Ehedem war das Waisenhaus eine Klosterwirtschaft, die um 1740 auf dem Gelände des ehemaligen, nach der Reformation zerstörten Klosters der Cisterzienserinnen von »Herwardeshude« erbaut worden war. 1813 wurde das Gasthaus von den Franzosen abgebrannt. 1817 wurde das Haus in größerem Umfang wiederaufgebaut, wo dann die feinere Gesellschaft tafeln konnte. Nach dem Brand von 1842 wurde die Wirtschaft zum Waisenhaus umfunktioniert. 1858 zogen die Waisen in ein neues Domizil auf der Uhlenhorst um. Zwei Jahre wurde das Haus als Kaserne für die Dragoner der hamburgischen Garnison genutzt und dann abgebrochen. An seiner Stelle wurden Wohnhäuser errichtet, die dann in den 60er Jahren unseres Jahrhunderts Neubauten weichen mußten.

Der Harvestehuder Weg an der Kreuzung Frauenthal

Our walk along the Alster leads us to Harvestehuder Weg. Standing just before the point where it crosses Frauenthal/Mittelweg we see the steeple of the St. Nikolai church. Where the modern block of flats with white balconies now stands (extreme right) there used to be an orphanage, and Wilhelm Heuer depicted this in 1855. The orphanage was formerly an inn which was built around 1740 in the grounds of the "Herwardeshude" convent. Burnt down in 1813 by the French, it was rebuilt four years later. It enjoyed a reputation as a high-class eating-place. The building was converted into a home for orphans after the Great Fire of 1842.

Nuestro paseo a lo largo del Alster nos lleva al Harvestehuder Weg. Desde aquí, poco antes del cruce Frauenthal/Mittelweg, vemos la torre de la iglesia principal St. Nikolai. Allí, donde vemos los balcones blancos de un edificio moderno, estaba el orfelinato que muestra Wilhelm Heuer en 1852. Antes, la casa de huérfanos era un restaurante del convento, que se construyó en el terreno del convento Herwardeshude, en 1740. En 1813 lo quemaron los franceses y en 1817 se reconstruyó nuevamente. Aquí solía comer la alta sociedad de Hamburgo. Después del Gran Incendio de 1842 se transformó esta casa en orfelinato.

Notre promenade le long de l'Alster nous amène à l'Harvestehuder Weg d'où, peu avant le carrefour Frauenthal/Mittelweg nous apercevons le clocher de l'église principale St. Nikolai. A l'emplacement du balcon blanc de la maison moderne à droite se trouvait jadis l'orphelinat représenté par Wilhelm Heuer en 1852. C'était avant un restaurant construit vers 1740 sur le terrain du couvent «Herwardeshude». Brûlé en 1813 par les Français, il fut reconstruit en 1817. La meilleure société hambourgeoise venait y festoyer. Après l'incendie de 1842 l'orphelinat y fut aménagé.

Lithographie von Wilhelm Heuer nach eigener Zeichnung

Harvestehude (Beim Waisenhause) · 1855

Wir wandern weiter alsteraufwärts und gelangen am Leinpfad zur Schiffsanlegestelle »Winterhuder Fährhaus«. Von hier haben wir einen Blick auf den Alsterfluß und das gegenüberliegende Eppendorfer Ufer. Rechts die Winterhuder Brücke. Die Kirche St. Johannis, bevorzugt als Hochzeitskirche, wird in einer Urkunde schon 1267 erwähnt. Dorf und Kirche sind aber sicher viel älter. Eppendorf, das älteste Dorf der Hansestadt, wurde 1874 Vorort und 1894 Stadtteil Hamburgs. Das Bild aus der Zeit um 1845 zeigt uns das noch ländliche Eppendorf, eingebettet in Wiesen und Weiden. Von Winterhude nach Eppendorf führt die 1841 gebaute Fahrbrücke, vorher gab es hier nur einen schmalen hölzernen Steg. Der »Holsteinische Tourist« beschreibt 1833 Eppendorf so: »Was den Ort selbst betrifft, so ist er von der Natur sehr begünstigt; zwar liegt er etwas niedrig, allein die Nähe der Alster und ihre romantischen Umgebungen gewähren ihm manchen vorzüglichen Vortheil. Von welcher Seite man sich demselben auch nähern mag, so trifft man überraschende, herrliche Aussichten und geschmackvolle Garten-Anlagen, wo Kunst und Natur zu wetteifern scheinen.« An anderer Stelle vermerkt der »Tourist«, daß Eppendorf der beliebte »ländliche und anmuthige Sommer-Aufenthalt der wohlhabenden Bürger Hamburgs« sei.

Blick vom Leinpfad auf die Kirche St. Johannis in Eppendorf

Proceeding along the River Alster at the top end of the lake we come to the Winterhuder Fährhaus boat station at Leinpfad. On the opposite bank, which marks the beginning of Eppendorf, stands St. Johannis, a popular church for weddings. It was already mentioned in 1267, although like the village of Eppendorf it is certainly much older. Eppendorf became an urban district of Hamburg in 1894. The picture from around 1845 shows us Eppendorf in those days, nestling among meadows and green pastures. Many Hamburg families used to spend their summer holidays there. The narrow footbridge here was replaced by a wider bridge in 1841.

Siguiendo el Alster hacia arriba llegamos por Leinpfad al embarcadero «Winterhuder Fährhaus». Desde aquí vemos el río Alster, la orilla de Eppendorf y la iglesia St. Johannis, preferida para celebrar bodas. La iglesia ya está documentada en 1267, pero la iglesia y el pueblo son seguramente mucho más viejos. Eppendorf era en 1874 un suburbio y luego, en 1894, barrio de Hamburgo. La estampa hacia 1845 muestra a Eppendorf con sus praderas y pastos. En 1841 se sustituyó la estrecha pasarela por un puente más ancho. El pueblo era el sitio predilecto de las familias hamburguesas para pasar el verano.

Remontant toujours l'Alster, nous arrivons au Leinpfad à l'embarcadère «Winterhuder Fährhaus». De là nous voyons l'Alster et la rive d'Eppendorf avec le Winterhuder Brücke et l'église St. Johannis, église nuptiale très populaire. Elle est mentionnée dès 1267 mais le village et l'église sont certainement beaucoup plus anciens. Eppendorf devint banlieue en 1874 et quartier de Hambourg en 1894. La vue de 1845 nous montre un Eppendorf champêtre. En 1841 la mince passerelle avait été remplacée par un pont plus large. Le village était jadis un lieu de villégiature estivale apprécié.

Stahlstich von James Gray nach Zeichnung von Louis Mertens

Eppendorf · Um 1845

Die Oberalster, begleitet von einem herrlichen Wanderweg, fließt in Windungen durch eine malerische Landschaft. In Poppenbüttel sehen wir von der breit angelegten Bäckerbrücke auf den in Grün gebetteten Ortskern. Ganz links guckt der Turm der 1956 gebauten Marktkirche über die Baumkronen. 1856 hat Wilhelm Heuer das ländliche Poppenbüttel vom Kritenbarg aus gezeichnet. Da ist im Vordergrund die untere Schleuse und daneben die Notschleuse, schon damals Bäckerbrücke genannt, dann der Zwischenstau der Alster mit dem von Bäumen umgebenen Schleusenhaus und die obere Schleuse. Im Hintergrund weitet sich der aufgestaute Fluß zu einem Teich. Schon im 15. Jahrhundert hatte man mit der Schiffbarmachung der Oberalster begonnen. Die beiden Poppenbüttler Schiffahrtsschleusen sind 1529, zusammen mit dem Schleusenhaus, erbaut worden, als zu dieser Zeit der Alster-Trave-Kanal nach Lübeck ausgebaut wurde. Nur kurz, bis um 1550, hat dieser Kanal bestanden, wegen Wassermangels und Streitigkeiten mit den Anrainern mußte der Schiffahrtsweg aufgegeben werden. Die schiffbare Oberalster selbst wurde bis Ende des 19. Jahrhunderts genutzt für den Transport von Segeberger Kalk, Holz, Torf und Baumaterialien nach Hamburg. Die Poppenbüttler Schleusen sind immer wieder erneuert worden, das heutige Schleusenhaus stammt von 1824.

Blick von der Bäckerbrücke auf die Oberalster in Poppenbüttel

In its upper reaches the Alster meanders through picturesque countryside, and a delightful footpath runs all the way along it. Standing on the Bäckerbrücke we look towards the middle of Poppenbüttel where the steeple of the Marktkirche (built 1956) rises. Wilhelm Heuer depicted this view of Poppenbüttel from a nearby rise in 1856. In the foreground we see the lower lock with an emergency lock next to it, and already at that time this was called the Bäckerbrücke. In the background is the upper lock and the lock-keeper's house surrounded by trees. The navigable part of the Upper Alster was used for transporting goods to Hamburg until 1900.

El Oberalster corre, formando varias vueltas, por un paisaje pintoresco, acompañado por una avenida. En Poppenbüttel vemos desde el Bäckerbrücke el centro de la población con la torre de la iglesia, construida en 1956. En 1856 Wilhelm Heuer ha dibujado desde una elevación el campestre Poppenbüttel. En primer plano está la esclusa de abajo, con una esclusa de emergencia, que ya se llamaba Bäckerbrücke. Al fondo, la esclusa de arriba y la casa de esclusas de árboles. El Oberalster se utilizó hasta finales del siglo XIX como vía de transporte hacia Hamburgo.

L'Alster supérieure, que longe un merveilleux sentier, se faufile à travers un site pittoresque. Depuis le Bäckerbrücke nous voyons au milieu de la verdure Poppenbüttel avec le clocher de la Marktkirche construite en 1956. Wilhelm Heuer a fixé en image depuis un tertre le champêtre Poppenbüttel en 1856. Au premier plan l'écluse inférieure avec à côté une écluse de secours qui s'appelait déjà Bäckerbrücke. Au fond l'écluse supérieure et la maison entourée d'arbres. L'Alster supérieure fut utilisée comme voie de transport jusqu'à la fin du XIXe siècle.

Lithographie von Wilhelm Heuer nach eigener Zeichnung

Poppenbüttel (an der Alster) · 1856

Im Hamburger Stadtteil Eimsbüttel nimmt uns wieder der Großstadtverkehr auf. Von der Osterstraße sehen wir in den Heußweg. Kaum zu glauben, daß das Terrain hinter dem modernen Hausblock vor 130 Jahren so aussah, wie es Wilhelm Heuer festgehalten hat. Ein zauberhafter Park breitet sich vor dem Auge aus, mit einem Teich, Steg und schattigen Bäumen. Mittelpunkt ist der Heußhof, ein wohlrenommiertes Gasthaus, in dem sich damals gern die feine Welt Hamburgs versammelte. »Eimsbüttel ist wegen seiner romantischen Lage, durch Natur und Kunst bedeutend verschönert, in den Sommermonaten einer der beliebtesten Lustörter der Umgegend. Im Dorfe liegen viele prachtvolle Gartengebäude; die freien Aussichten und das hübsche Lustgehölz geben den Lagen der Gärten eine große Mannigfaltigkeit.« So beschrieb 1852 P. F. L. Hoffmann Eimsbüttels Schönheiten. 1784 hatte der Gastwirt Christian Heuß hier einen kleinen Hof gekauft, den er zu einem der beliebtesten Wirtshäuser vor den Toren Hamburgs machte. 1809 brannte das Haus ab, wurde aber von der Witwe Heuß' schöner wieder aufgebaut. Als Eimsbüttel 1813, wie alle Dörfer um Hamburg, von den Franzosen niedergebrannt worden war, blieb der Heußhof verschont. Bis 1867 wurde der Gasthof betrieben, 1863 bis 1867 wurde der Park in Baugrundstücke umgewandelt. Der Heußhof selbst wurde 1876 in ein Wohnhaus umgebaut, das noch heute ziemlich verkommen in der Wiesenstraße 47 steht.

Der Heußweg in Eimsbüttel an der Osterstraße

In the part of Hamburg known as Eimsbüttel we again become involved in heavy traffic. Here we see Heussweg from Osterstrasse. It is hard to believe that the area behind the modern blocks of flats appeared as Wilhelm Heuer depicted it in 1855. A delightful park spreads out before us. Standing in the middle is the Heusshof, a first-class restaurant, patronized by Hamburg's high society. Originally a small farm, it was bought in 1784 by Christian Heuss who turned it into a popular inn. After being damaged by fire, it was rebuilt in 1813 in even more attractive form and remained a restaurant until 1867.

En el barrio hamburgués Eimsbüttel nos absorbe otra vez el tráfico de la capital. Desde la Osterstrasse miramos hacia el Heussweg. Es casi increíble que el terreno detrás del bloque de casas fuera como Wilhelm Heuer lo fijó en 1855. Un parque fascinante se extiende ante nosotros. El centro es el Heusshof, un establecimiento distinguido de la alta sociedad de Hamburgo. En 1784 compró el fondista Christian Heuss aquí una pequeña fonda, que convirtió en un establecimiento predilecto. Después de un incendio se reconstruyó la casa en 1813 mejorándola, la cual continuó hasta 1867 dedicada a la hostelería.

Dans le quartier d'Eimsbüttel nous replongeons dans la circulation de la grande ville. De la Osterstrasse nous voyons le Heussweg. On a du mal à croire que le terrain derrière les blocs de maisons modernes avait l'aspect qu'il a sur la lithographie de Wilhelm Heuer de 1855. Un merveilleux parc un milieu duquel le Heusshof sert de point de rencontre à la bonne société. L'hôtelier Christian Heuss y avait acheté une petite ferme qu'il avait transformée en une auberge réputée. Elle fut reconstruite après un incendie en 1813 et demeura une auberge jusqu'en 1867.

Lithographie von Wilhelm Heuer nach eigener Zeichnung

Eimsbüttel: Heuss-Hof · 1855

Hagenbecks Tierpark zählt zu den Sehenswürdigkeiten Hamburgs. Geschichte machte das Familienunternehmen auf dem Gebiete des Zoowesens im Jahre 1907, als es in Stellingen seine neuartigen Freigehege eröffnete. Carl Hagenbeck hatte in vielen Versuchen die Sprungweiten der Tiere festgestellt und konnte so den Versuch machen, Tiere in gitterlosen Gehegen zu zeigen. Wahrzeichen des Tierparks ist das künstliche »Hochgebirgs-Panorama«, auf dem Wildziegen und Mähnenschafe herumklettern. Zu Füßen des Gebirges liegt die Löwenschlucht. Raubtiere sind hier in »freier Wildbahn« zum Greifen nahe. Der Beginn des Weltunternehmens Hagenbeck lag auf St. Pauli am Spielbudenplatz. Dort hatte Claas Carl Hagenbeck eine Fischhandlung und Störräucherei. Er kaufte eines Tages von einem Fischer einen Seehund und dann, 1852, von einem Grönlandfahrer einen Eisbär. Dies brachte ihn auf die Idee, Wildtiere zu handeln und gleichzeitig in einer kleinen Menagerie auf seinem Hinterhof zu zeigen. Der Tierhandel nahm in den folgenden Jahrzehnten immer größere Ausmaße an. Carl Hagenbeck jr. etablierte 1874 den ersten Tierpark am Neuen Pferdemarkt und gründete 1887 den Circus. 1907 kam dann der Umzug nach Stellingen. 1943 wurde der Tierpark zum größten Teil durch Bomben vernichtet, Carl-Heinrich Hagenbeck blieb es vorbehalten, den Park größer und schöner wieder aufzubauen.

Hagenbecks Tierpark in Stellingen. Freigehege mit künstlichem Hochgebirge

Hagenbeck's Zoo is still one of the greatest attractions in Hamburg. The Hagenbeck family made history in 1907 when they opened their animal park in Stellingen. Here, the animals roam freely around in the open, albeit at a safe distance from the public. A famous feature is the imitation crag landscape which includes a gully where lions prowl. Claas Carl Hagenbeck started off the idea about 1848 at Spielbudenplatz in St. Pauli when he showed the first animals in a small menagerie in the backyard of his fishmonger's shop. His son Carl opened the first zoo at Neuer Pferdemarkt in 1874.

El parque zoológico de Hagenbeck sigue siendo una de las atracciones de Hamburgo. La empresa familiar formó parte de la historia zoológica desde 1907, cuando inauguró en Stellingen sus cercados abiertos, donde se podían ver animales salvajes casi libres. El rasgo característico de este parque zoológico son las montañas artificiales, a cuyos pies está la cañada de los leones. Claas Carl Hagenbeck empezó hacia 1848 junto al Spielbudenplatz en St. Pauli, mostrando los primeros animales en una casa de fieras, en la trastienda de su pescadería. En 1874 inauguró su hijo Carl Hagenbeck su primer parque zoológico en el Neuer Pferdemarkt.

Le zoo de Hagenbeck compte toujours parmi les curiosités de la ville. L'entreprise familiale marqua un tournant dans l'histoire des jardins zoologiques lorsque, en 1907, elle ouvrit son installation à ciel ouvert à Stellingen où les fauves vivaient presque en liberté. L'emblème du zoo est la montagne artificielle avec à ses pieds la gorge aux lions. Claas Carl Hagenbeck avait été le précurseur en montrant vers 1848 à St. Pauli des animaux dans une petite ménagerie se trouvant dans l'arrière-cour de sa poissonnerie. Son fils Carl ouvrit en 1874 un premier zoo au Neuer Pferdemarkt.

Holzstich von O. Roth nach Zeichnung von Heinrich Leutemann

Hagenbeck's Handelsmenagerie in Hamburg · 1848

Nochmals begeben wir uns in Hamburgs City. Vom Steintordamm am Hauptbahnhof sehen wir in die Mönckebergstraße, die von 1907 an durch das Gängeviertel der Altstadt zwischen Rathausmarkt und Hauptbahnhof durchgebrochen worden ist. Links das weiße Gebäude des Kaufhauses Horten von 1968. Der Autoverkehr dominiert auf dem Steintordamm, der eigentlich kein Damm, sondern eine Brücke über den Bahngleisen ist. Ein echtes Biedermeier-Motiv treffen wir an dieser Stelle um 1834. Ein kinderreiches Ehepaar wandert, das Jüngste im Blockwagen hinter sich herziehend, aus der Stadt zum Steintor hinaus, um die Kleinen mit Kasperspiel, Karusellvergnügen oder gar mit dem Kauf eines lebendigen Lammes zu erfreuen. Denn vor dem Steintor war Freitag vor Pfingsten Lämmermarkt. Das Steintor mit seinen beiden Wachgebäuden war 1818 erbaut worden, nachdem 1806 das alte düstere Torgebäude abgetragen worden war. Der ganze Wall bis zum Deichtor wurde von dem Bremer Kunstgärtner Altmann in eine schöne Gartenanlage umgewandelt. Erste grundlegende Veränderung erfuhr die Gegend des »Wallgartens« zwischen Deichtor und Ferdinandstor, als die Hamburg-Altonaer Verbindungsbahn angelegt wurde. Das Steintor wurde 1864 abgebrochen, und nahebei wurde 1864/65 der Klostertorbahnhof gebaut, der dann den Gleisen des 1906 eröffneten Hauptbahnhofes weichen mußte.

Blick vom Steintordamm am Hauptbahnhof auf die Mönckebergstraße

We return once more to the centre of Hamburg. Here we are looking from Steintordamm beside Central Station towards Mönckebergstrasse which started to take shape in 1907 when it was pushed through the old part of Hamburg from Rathausmarkt to Central Station. Around 1834 this same spot presents a typical Biedermeier scene. A couple with their children can be seen leaving the Steintor (b. 1818). The whole city wall as far as the Deichtor at the Upper Harbour was turned into a large park by the Bremen landscape architect Altmann. The Steintor was pulled down in 1864 and the entire area changed when the railway tracks were laid.

Volvamos al centro de Hamburgo. Desde el Steintordamm (en realidad un puente sobre las vías del tren de la estación central) vemos la Mönckebergstrasse que desde 1907 comunica el Ayuntamiento y la estación central, atravesando el viejo barrio. En este lugar vemos un típico motivo «Biedermeier» hacia 1834. Un matrimonio va paseando con sus hijos hacia el Steintor. El Steintor se construyó en 1818. Toda la muralla de la ciudad, hasta el Deichtor, junto al Oberhafen, la convirtió el jardinero bremense Altmann en un gran parque. En 1864 se derribó el Steintor y toda esta zona cambió a consecuencia de la construcción de vias férreas.

Retournons dans la city. Depuis Steintordamm (un pont au-dessus des voies de la gare principale) nous voyons la Mönckebergstrasse qui fut percée à partir de 1907 dans le vieux quartier entre l'Hôtel de ville et la gare. A cet endroit un véritable motif Biedermeier autour de 1834. Des parents s'en vont avec leurs enfants vers Steintor, qui date de 1818. Tout le remblai jusqu'à Deichtor dans le port supérieur avait été transformé en un grand parc par le jardinier brêmois Altmann. En 1864 la Steintor fut détruite et tout le quartier transformé par les installations ferroviaires.

Lithographie von Peter Suhr nach eigener Zeichnung

Das Steinthor in Hamburg von aussen · Um 1834

Der Steintordamm führt direkt zum Steintorplatz. Von dort haben wir einen Blick auf die Kirchenallee mit der Dreieinigkeitskirche im Hintergrund. Weniger dekorativ ist, was sich uns im Vordergrund aufdrängt: eine große Baustelle! Seit über zwanzig Jahren ist die nähere Bahnhofsgegend mit wenigen Unterbrechungen im Umbau. Ein Ende ist nicht abzusehen. Wieviel friedlicher war es doch 1855 in der Vorstadt St. Georg. Wo heute das Klockmannhaus aufragt, erhob sich damals »Münch's Trichter«, ein Lokal, das wegen seiner Gartenkonzerte gern besucht wurde. Die Kirchenallee wirkte recht kleinstädtisch. Fröhlich spielende Kinder, Spaziergänger, Arbeitsleute, Kindermädchen, Landkutschen und ein Pferdeomnibus der Firma Basson & Comp., vom Steindamm aus Richtung Wandsbek heranrumpelnd: so spielte sich das Leben in der Vorstadt St. Georg ab. Viel höher gegen die niedrigen Häuser wirkte der barocke Turm der Dreieinigkeitskirche, ihn hatte Johann Leonhard Prey 1743 bis 1747 erbaut. Nicht fern von der Kirche, an der Kirchenallee, war damals der berüchtigte Tanzsalon von Fuchs zu finden. Der größte Trubel herrschte hier vor dem Steintor in St. Georg am Freitag vor Pfingsten. Dann war Lämmermarkt, ein Volksfest, das jung und alt auf die Beine brachte. Der große Wandel an der Kirchenallee trat ein, als der Hauptbahnhof angelegt wurde und sich hier Hotelbetriebe ansiedelten. Schon 1900 war an der Kirchenallee das Schauspielhaus erbaut worden.

Die Kirchenallee in St. Georg, vom Steintorplatz gesehen

Steintordamm leads to Steintorplatz. From here we have a view of Kirchenallee where a large building site hits the eye. For the last twenty years building work has been going on almost continuously around Central Station. Things were much more peaceful here in 1855 when St. Georg was only a suburb. At that time a funnel-shaped inn used to stand on the corner of Kirchenallee – site of the present-day Klockmann House. There was a small town atmosphere here with children playing, people strolling about, workers, maids, open carriages and a horse-drawn omnibus. Things changed completely when Hamburg's main station was built in 1906.

El Steintordamm llega hasta el Steintorplatz. Desde allí se extiende la vista hacia la Kirchenallee. En primer lugar vemos una gran construcción. Los alrededores de la estación central están desde ya casi veinte años en obras, salvo algunas interrupciones. El suburbio St. Georg era en 1855 mucho más tranquilo. Allí donde está hoy el Klockmannhaus había una fonda en forma de embudo, en la esquina de la Kirchenallee. Todo parece aun una ciudad pequeña. Niños jugando, peatones, obreros, criadas, carros y un tranvía de caballos dan vida a esta escena. Con la construcción de la estación central en 1906 cambió está zona.

Le Steintordamm mène à la Steintorplatz. De là nous voyons la Kirchenallee et surtout un grand chantier. Avec quelques interruptions le quartier de la gare principale est depuis plus de 20 ans constamment en travaux. C'était vraiment plus paisible en 1855 dans la banlieue de St. Georg! A l'emplacement de la Klockmannhaus se trouvait jadis le restaurant en forme d'entonnoir. Tout fait un effet encore très provincial. Enfants jouant, promeneurs, ouvriers, bonnes d'enfants, calèches et un omnibus à chevaux animent le tableau. La construction de la gare en 1906 devait tout changer.

Lithographie von Wilhelm Heuer nach eigener Zeichnung

Vorstadt St. Georg – Kirchenallee und Trichter · 1855

Über den Steindamm, die Lübecker Straße und die Wandsbeker Chaussee kommen wir nach Wandsbek: ehedem eine preußische Stadt und seit dem Großhamburg-Gesetz Stadtteil Hamburgs. In der Wandsbeker Marktstraße, kurz vor der Schloßstraße, rauscht an uns der Großstadtverkehr vorüber. Beim Blick zurück begegnet uns hier um 1885 ein preußisches Kleinstadtidyll. Die Wandsbeker Marktstraße hieß damals Hamburger Straße, sie führte, wie der Name sagt, in die Nachbarstadt Hamburg. Im Hotel Stadt Hamburg saßen die Leute in der Veranda und sahen dem Herannahen der Dampfeisenbahn aus Hamburg zu. Die Eisenbahn fuhr zwischen dem Hamburger Rathausmarkt und dem Wandsbeker Zoll vom 3. November 1877 mit Dampfkraft. Vorher wurden die Wagen von Pferden gezogen (ab. 16. August 1866). Der Fortschritt hatte also auch hier seinen Lauf genommen. Aber auch die Dampflokomotive hatte auf der Wandsbeker Strecke nur ein Leben von zwanzig Jahren. Dann, am 22. Juni 1897, wurden die Bahnen auf elektrischen Antrieb umgestellt. Inzwischen sind Straßenbahnen in Hamburg auch nur noch Erinnerung, seit der Verkehr auf Omnibusse umgestellt worden ist. Links von der Straßen-Eisenbahn sehen wir eine zweispännige »Hamburger Droschke«, die seit 1824 dank des Unternehmens John Andly in Gebrauch gekommen war. Dessen Stallgebäude an der Binnenalster sehen wir auf dem Bilde Seite 143 ganz links.

Die Wandsbeker Marktstraße, Teil der alten Verbindung von Hamburg nach Wandsbek

From St. Georg we come to Wandsbek, a former Prussian township which was incorporated into Greater Hamburg in 1937. The traffic along Wandsbeker Marktstrasse is heavy. Quite a contrast to the idyllic scene around 1885. In those days, when Wandsbek was a small town in Prussia, the Wandsbeker Marktstrasse was called Hamburger Strasse. In the Stadt Hamburg Hotel people used to sit on the veranda and watch the steam train approaching from Hamburg. The railway ran from the Rathausmarkt in Hamburg to Wandsbek. It began with horse-drawn trams in 1866; from 1877 these were replaced by steam trains.

Llegamos de St. Georg a Wandsbek, que era antiguamente una ciudad prusiana y que desde la ley del Gran Hamburgo de 1937 es un distrito de la ciudad. En la Wandsbeker Marktstrasse encontramos el tráfico de la capital. Mirando hacia el pasado, encontramos aquí hacia 1885, el idilio de una pequeña ciudad prusiana. Entonces la Wandsbeker Marktstrasse se llamaba Hamburger Strasse. En el hotel Stadt Hamburg estaba sentada la gente en la veranda, viendo la llegada del tren de Hamburgo. El ferrocarril, a partir de 1877, iba desde el Ayuntamiento hamburgués a Wandsbek con fuerza a vapor y antes, hasta 1877, con tracción animal.

Nous arrivons de St. Georg à Wandsbek, jadis ville prussienne et depuis 1937 quartier de Hambourg. Dans la Wandsbeker Marktstrasse c'est le trafic de la grande ville. Un coup d'œil dans le passé nous fait découvrir vers 1885 une paisible petite ville prussienne. La Wandsbeker Marktstrasse s'appelait encore Hamburger Strasse. De la véranda de l'hôtel Stadt Hamburg on pouvait voir approcher le chemin de fer à vapeur venant de Hambourg. Le chemin de fer reliait l'Hôtel de ville de Hambourg à Wandsbek, à partir de 1866 avec des chevaux et de 1877 avec la vapeur.

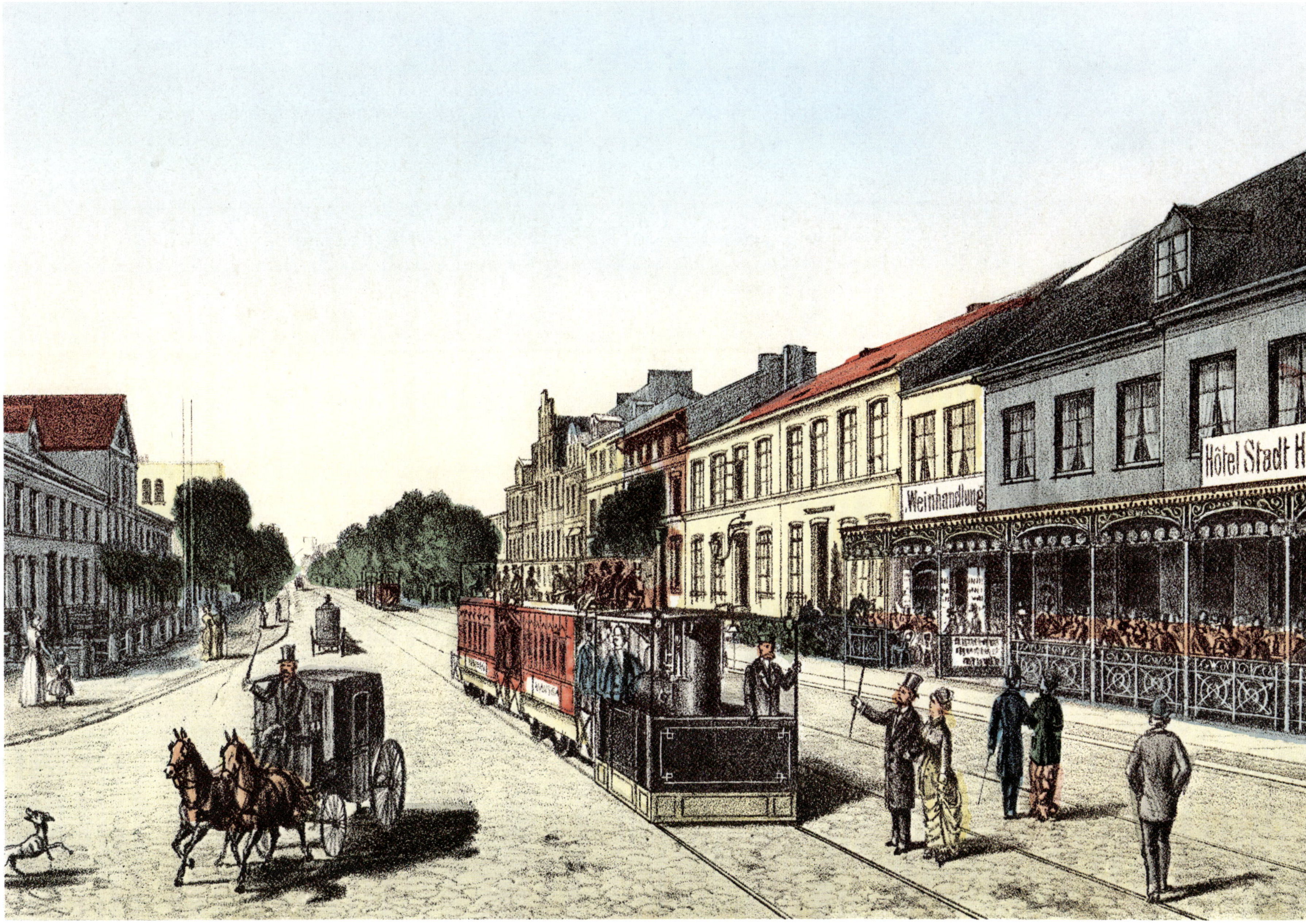

Lithographie, vermutlich von David Martin Kanning nach eigener Zeichnung

Wandsbeck. Hamburgerstrasse · Um 1880

Eine Kehrtwendung und wir sehen von der Wandsbeker Marktstraße auf den Wandsbeker Markt und die Christuskirche, auf deren Friedhof unter zwei schlichten Grabkreuzen Matthias Claudius und seine Frau Rebekka ruhen. 1960 wurde in den Lindenwald des Marktplatzes eine breite Schneise geschlagen für den Bau eines modernen Busterminals und eines unterirdischen U-Bahnhofes. Heute wird man in Minutenschnelle von der U-Bahn von Hamburg nach Wandsbek gebracht, wo man einst, zur Zeit von Heuers schöner Lithographie, mit der Pferdebahn oder zu Fuß auf der Chaussee, vorüber an vielen schönen Gärten, hinausgelangte in den gemütlichen Marktflecken, der zu Holstein gehörte und unter dänischer Verwaltung stand. 1867 kam Wandsbek zum Königreich Preußen, im Jahre 1870 wurde der Marktflecken zur Stadt erhoben. Kraft Groß-hamburg-Gesetzes wurde 1937 Wandsbek der Hansestadt als Stadtteil einverleibt. Berühmt waren einst die Wandsbeker Markttage. Da war es selbst in der guten alten Zeit um die ländliche Ruhe des Ortes an der Wandse geschehen. Zu Tausenden strömten die Hamburger über die Chaussee heran, um sich in den Jahrmarktstrubel zu stürzen. Und die Lokale ringsum machten die besten Geschäfte des Jahres.

Blick von der Wandsbeker Marktstraße auf den Wandsbeker Markt

Still standing in Wandsbeker Marktstrasse, if we turn round we see Wandsbeker Markt and the Christuskirche. The square was made into a modern bus terminal in 1960. When Wilhelm Heuer depicted it in 1861, it was still a market-square with a small wood. In those days Wandsbek was a small market centre belonging to Holstein and under Danish administration. In 1867 it was acquired by Prussia and raised to the status of town 3 years later. It became part of Hamburg in 1937. The Wandsbek Fair used to be a famous event: thousands of people from Hamburg would flock here to enjoy all the fun of the fair.

Dando media vuelta, vemos desde la Wandsbeker Marktstrasse el Wandsbeker Markt y la Christuskirche. En 1960 se instaló una estación central de autobuses. En los tiempos de Wilhelm Heuer la Marktplatz tenía todavía su pequeño bosque. En 1861 Wandsbek era una villa que pertenecía a Holstein y que estaba bajo la administración danesa. En 1867 Wandsbek fue prusiana y se convirtió en ciudad en 1870; luego, desde 1937 pasó a pertenecer a Hamburgo. Los días de mercado en Wandsbek eran muy famosos. A miles llegaban los hamburgueses para participar en la bulla del mercado.

Retournons-nous et nous voyons depuis la Wandsbeker Marktstrasse le Wandsbeker Markt et la Christuskirche. En 1960 fut aménagé sur la place une moderne gare terminus pour bus. A l'époque de Wilhelm Heuer la Marktplatz possède encore une petite forêt. En 1861 Wandsbek, qui appartenait au Holstein, se trouvait sous administration danoise. En 1867 elle devint prussienne, en 1870 ville autonome et en 1937 fut rattachée à Hambourg. Célèbre était jadis la foire de Wandsbek où affluaient des milliers de Hambourgeois avides de distractions et d'amusements.

Lithographie von Wilhelm Heuer nach eigener Zeichnung

Wandsbeck · 1861

Im September 1978 nahmen die Hamburger Abschied von ihrer Straßenbahn. Fast 280 Millionen Fahrgäste werden seither jährlich von Bussen befördert. Das Streckennetz beläuft sich auf 740 Kilometer. 1978, als die Elektrische ihre letzte Runde fuhr, kreierte die Hamburger Hochbahn AG eine Busneuheit: den »Schubgelenkbus« für Strecken mit hohem Fahrgastaufkommen. Der Heckmotor verleiht dem Großvehikel besonders gute Fahreigenschaften. In Hamburgs City treffen wir diesen Bustyp am Stephansplatz. Mit Bussen fing einst der Hamburger Nahverkehr an. Die erste Omnibuslinie wurde am 21. Oktober 1839 von Basson eingerichtet, sie führte von Hamburg nach Altona. Kräftige Pferde zogen die Busse über das Holperpflaster. Glatter ging es ab 16. August 1866 über Schienen, die von Hamburg bis ins benachbarte Wandsbek gelegt worden waren. Diese »Pferde-Eisenbahn« der Firmen E. Petersen & Co. und der »Basson'schen Omnibus-Actien-Gesellschaft« sehen wir in voller Fahrt, gezogen von 2 PS, auf Christian Försters dokumentarischem Bild. Hamburgs erstes Schienenfahrzeug fuhr von morgens sieben bis abends elf Uhr für drei Schillinge vom Rathausmarkt nach Wandsbek und umgekehrt. »Man rollt oder vielmehr gleitet geräuschlos dahin, als ob man im Schlitten fährt«, meinte damals ein Rezensent der »Hamburger Nachrichten«. Ab 3. November 1877 wurden die Pferde von einer Lokomotive abgelöst: wie wir auf Seite 173 feststellen können.

Modernes Nahverkehrsmittel: ein Schubgelenkbus am Stephansplatz

The last tram in Hamburg was taken off the streets in September 1978. Since then, buses have been used in place of trams. Here we see a typical present-day bus at Stephansplatz. Public transport in Hamburg began with buses. The first horse-drawn omnibus line was set up between Hamburg and Altona on 21 October 1839. Things speeded up when a tramway was built between Hamburg and Wandsbek. We see this "horse-railway" going at full speed. The 3 November 1877 marked the next milestone: this is when horses were replaced by the locomotive (see page 173).

En septiembre de 1978 circuló el último tranvía de Hamburgo. Desde entonces fueron sustituidos por autobuses. Cerca del Stephansplatz vemos uno de los más modernos. El tráfico de cercanías hamburgués empezó con autobuses. La primera línea de autobuses con caballos se instaló el 21 de octubre de 1839, de Hamburgo a Altona. Desde 1866 mejoró todo, con las vías que fueron tendidas de Hamburgo a Wandsbek. Este ferrocarril tirado por dos caballos, lo vemos a toda velocidad. El dia 3 de noviembre del 1877 quedó marcado por el progreso: los caballos fueron sustituidos por locomotoras (véase página 173).

Le dernier tramway circula à Hambourg en septembre 1978. Depuis des bus ont remplacé les trams. Nous voyons un grand autobus moderne sur la Stephansplatz. C'est avec ces bus que commença jadis le trafic local hambourgeois. La première ligne d'omnibus à chevaux fut aménagé le 21 octobre 1839 de Hambourg à Altona. A partir de 1866 tout alla plus vite puisque une voie ferrée relia Hambourg à Wandsbek. Nous voyons ce «train à chevaux» foncer à toute allure. Le 3 novembre 1877 nouveau progrès: les chevaux furent remplacés par une locomotive (page 173).

Holzstich von M. Schlitte nach Zeichnung von Christian Förster

Die Pferde-Eisenbahn in Hamburg · 1866

Vom Nahverkehr zum Fernverkehr. Wenn wir wissen wollen, wo Hamburgs erster Eisenbahnhof gestanden hat, dann müssen wir zum Deichtorplatz gehen. Von dort sehen wir auf die vier Blöcke der Cityhäuser. Wo im Vordergrund die Fahrbahn ist, müssen wir uns die Lage des Bahnhofes denken, den uns Wilhelm Heuer um 1843 vorstellt. Der Bahnhof lag sehr malerisch am Ende der vielbesuchten Wallpromenade. Im Hintergrund sehen wir die Altmannshöhe aufragen. Der eiserne Pavillon von Carl Hechner und sonntäglich gekleidete Menschen unterstreichen die Geruhsamkeit der Gegend. Noch festlicher sollte es zugehen zur Eröffnung der Hamburg-Bergedorfer Bahn am 5. Mai 1842. Der Große Brand machte jedoch jede Feier zunichte, die Bahn mußte stattdessen Obdachlose nach Bergedorf befördern. 1840 war die Bastion Bartholdus abgetragen worden, um Platz zu machen für die Bahnhofsanlagen. Im April 1839 war schon mit dem Bau der 56 190 Fuß langen Bahnlinie begonnen worden. Bereits am 15. Dezember 1846 wurde die Linie bis nach Berlin fortgesetzt. Nun hieß das Gebäude am Deichtor Berliner Bahnhof. Von 1864 an verlor die Wallpromenade ihren landschaftlichen Charakter. Die Altmannshöhe und weite Teile des Walles wurden abgetragen für die Anlage der Hamburg-Altonaer Verbindungsbahn. Als dann 1906 der Hauptbahnhof eröffnet wurde, wurden der Berliner Bahnhof und noch drei weitere Kopfbahnhöfe überflüssig.

Blick vom Deichtorplatz auf die Cityhäuser am Klosterwall

From local transport to long-distance transport. If we're interested in seeing where Hamburg's first railway station used to stand, then we must go to Deichtorplatz. Wilhelm Heuer depicted it in 1843 and it stood where the road runs in front in the photo. The station was set picturesquely near the old city walls. Work on building a railway to Bergedorf was already begun in 1839. The inaugural ceremony for this line was planned for 5 May 1842, but instead, victims of the Great Fire were taken by train to Bergedorf. When the railway was extended to Berlin in 1846 the station became called Berliner Bahnhof.

Del tráfico de cercanías al tráfico de larga distancia. Si queremos saber dónde estuvo la primera estación de ferrocarriles, tenemos que ir al Deichtorplatz. Donde vemos la carretera en la foto, tenemos que imaginarnos la estación, que nos muestra Wilhelm Heuer en 1843. La estación se hallaba pintorescamente instalada en los parques de la muralla. Ya en 1839 se empezó la construcción del trayecto a Bergedorf. El día 5 de mayo de 1842 se suspendió la inaguración del trayecto; en lugar de esto se transportaron las víctimas del Gran Incendio a Bergedorf. Cuando se alargó el trayecto hasta Berlín, la estación fue llamada Berliner Bahnhof.

Du trafic local passons au trafic à grande distance. Si nous voulons savoir où s'est trouvé la première gare de chemin de fer de Hambourg, allons à la Deichtorplatz. Là où sur la photo se trouve la chaussée, se trouvait la gare que Heuer nous montre en 1843 dans son site pittoresque. Dès 1839 on avait commencé à construire la ligne vers Bergedorf. Le 5 mai 1842 la fête d'inauguration n'eut pas lieu comme prévu mais le train servit à transporter à Bergedorf les nombreuses victimes de l'incendie. Lorsque, en 1846, la ligne fut prolongée jusqu'à Berlin, la station s'appela «Berliner Bahnhof».

Lithographie von Wilhelm Heuer nach eigener Zeichnung

Hamburg-Bergedorfer-Eisenbahnhof · Um 1843

Ein Besuch Bergedorfs, des Vorortes sechzehn Kilometer südöstlich der City Hamburgs, lohnt sich immer. Bergedorf ist das Einfallstor zu den fruchtbaren Vierlanden und hat sich bis heute viele Eigenheiten bewahrt. Von der Marschen Autobahn sehen wir von Süden her auf den Schleusengraben und Bergedorfs Industriegebiet. Vom Ortskern wird nur das Hochhaus des Einkaufszentrums Sachsentor und der Turm der Kirche St. Petri und Pauli sichtbar. Um 1898 ging der Blick noch ungehindert auf den ländlichen Ort am Geestrand. Der Schleusengraben ist beiderseits eingedeicht. Vor Bergedorf breiten sich Wiesen und Weiden aus. Im Vordergrund ein Vierländer Paar in typischer Tracht und ein Milchbauer mit seiner Trage (wie wir ihn auf dem Bilde Seite 121 am Neuen Jungfernstieg sahen). Links von der Kirche St. Petri und Pauli erscheinen schon einige Fabrikschornsteine. Über 450 Jahre hatten Hamburg und Lübeck Bergedorf »beiderstädtisch« verwaltet, als 1867 Bergedorf und die Vierlande für einen Kaufpreis von 200 000 Talern aus dem Anteil Lübecks in den Alleinbesitz Hamburgs übergingen. Das Schloß, dereinst eine trutzige Wasserburg, diente bis 1867 dem Amtshauptmann als Sitz für die Verwaltung Bergedorfs und der Vierlande. Heute birgt es in seinen Mauern die Sammlungen des Bergedorfer Museums.

Der Schleusengraben mit den Industrieanlagen im Süden Bergedorfs

And now a visit to Bergedorf, the suburb lying 10 miles to the south-east. From the motorway in the south we look north towards the Schleusengraben and Bergedorf's industrial area. Things were much more rural here around 1898. One can look right into the centre of Bergedorf with its attractive Church of St. Petri and Pauli. The Schleusengraben has dikes on both sides. In the foreground is a Vierlande couple in typical peasant costume. For over 450 years Bergedorf was administered alternatively by Hamburg and Lübeck. Together with Vierlande, Bergedorf became part of Hamburg in 1867.

Y ahora visitamos Bergedorf, el distrito que está a 16 kilómetros al sureste del centro de Hamburgo. Desde la autopista vemos, desde el sur, el Schleusengraben y la zona industrial de Bergedorf. Hacia 1898 todo esto era más rural. Sin impedimientos podemos ver la villa con su bonita iglesia St. Petri y Pauli. El foso de la esclusa tiene diques por los dos lados. En primer término una pareja de Vierlande con su típico traje regional. Bergedorf fue administrado alternativamente por Hamburgo y Lübeck durante más de 450 años, hasta que, en 1867, pasó a pertenecer junto con Vierlande a Hamburgo.

Rendons-nous maintenant à Bergedorf, banlieue à 16 kilomètres au sud-est de Hambourg. Depuis l'autoroute nous voyons le «Schleusengraben» et la zône industrielle de Bergedorf. Vers 1898 tout était ici encore champêtre. Le regard embrasse toute la petite ville avec sa jolie église St. Petri und Pauli. Le fossé à écluses est encore endigué des deux côtés. Au premier plan un couple des Vierlande en costume régional. Pendant plus de 450 ans Bergedorf a été administré alternativement par Hambourg et Lübeck, ce n'est qu'en 1867 que Bergedorf et les Vierlande furent rattachés à Hambourg.

Chromolithographie von Oscar Schwindrazheim nach eigener Zeichnung

Bergedorf · 1898

Den historischen Kern Bergedorfs sehen wir von der Alten Holstenstraße her: am Organistenhaus den Hasseturm von 1836, den Turm der Kirche St. Petri und Pauli und im Hintergrund rechts den Gasthof »Stadt Hamburg« an der Fußgängerzone Sachsentor. Auch um 1850 geht der Blick auf den Hasseturm und St. Petri und Pauli. Vor uns das Gerinne der Kornwassermühle mit der Holzbrücke und dem Waschplatz links neben der Pferdetränke. Rechts der 1646 erbaute Gasthof »Stadt Lübeck«, in dem einst der legendäre Marschall Blücher und dann am 23. und 24. März 1848 Prinz Wilhelm von Preußen, später Kaiser Wilhelm I., inkognito übernachtet hatten. Der Prinz war auf der Flucht vor den Berliner März-Unruhen und schiffte sich dann von Altona nach England ein. Als die Vierlandenstraße 1928 durchgebrochen wurde, verschwand auch der Gasthof »Stadt Lübeck«. Neben diesem Wirtshaus stand der Gasthof »Stadt Hamburg«, der im Bilde ganz rechts nur als Hausecke sichtbar wird. Dieses Haus soll bis auf das Jahr 1550 zurückgehen; es kam 1908 in den Besitz Hamburgs und wurde gründlich renoviert. 1959, als die Straße verbreitert werden mußte, wurde das Haus in seine Bestandteile zerlegt und einige Meter rückwärts originalgetreu wieder aufgebaut. Der Hasseturm trägt seinen Namen von dem Komponisten vieler Opern und Oratorien, Johann Adolph Hasse (1699–1783), der nebenan im Organistenhaus geboren wurde.

Das alte Zentrum Bergedorfs mit der Kirche St. Petri und Pauli

Looking at Bergedorf's historic centre from the Alte Holstenstrasse we see the Church of St. Petri and Pauli and, on the right in the background, the inn "Stadt Hamburg". Bergedorf appears as a real country town in the lithograph from around 1850. We see the church, the stream on which the water-mill stood, the wooden bridge and the place where washing was done next to the watering place for horses. On the right is the inn "Stadt Lübeck" (b. 1646) where the legendary Marshall Blücher once slept. This inn was pulled down in 1928 when the Vierlandenstrasse was built.

Desde la Alte Holstenstrasse vemos el núcleo histórico: la iglesia St. Petri y Pauli y, al fondo, a la derecha, el hotel Stadt Hamburg. Bergedorf se nos muestra en la litografía de 1850 como una verdadera ciudad rural. Vemos la iglesia, delante de ella la corriente de agua del molino de cereales, el puente de madera y, a la izquierda del abrevadero de caballos, el lavadero. A la derecha, el hotel Stadt Lübeck que fue construido en 1646 y en el que pernoctó el legendario mariscal Blücher. Cuando se cortó la Vierlandenstrasse, en 1928, desapareció el antiguo hotel.

Nous voyons le centre historique de Bergedorf depuis la Alte Holstenstrasse: l'église St. Petri und Pauli et au fond à droite le restaurant «Stadt Hamburg». La lithographie nous montre une vraie petite ville provinciale autour de 1850. Nous voyons l'église, et devant le petit ruisseau qui alimente le moulin à céréales, le pont de bois et le lavoir qui se trouve à gauche à côté de l'abreuvoir à chevaux. A droite le restaurant «Stadt Lübeck» construit en 1646 et où le fameux maréchal Blücher a passé une nuit. Le vieux restaurant disparut lorsque fut percée la «Vierlandenstrasse».

Lithographie von C. Adler's artist. Anstalt, Hamburg

Bergedorf · Um 1850

Noch stehen einige Windmühlen auf dem Gebiet der Freien und Hansestadt Hamburg. An der Dove-Elbe, nahe Bergedorf, treffen wir auf die Mühle von Reitbrook. Unter der Reitbrooker Mühlenbrücke das Rundfahrtschiff »Fleetenkieker« der weißen Alsterflotte mit Kurs auf Bergedorf: getreu dem Werbeslogan »Entdecken Sie Hamburg vom Wasser her«. Wir entdecken auf dem Stich um 1820 die Reitbrooker Mühle in ihrer früheren Form als Bockwindmühle. Die beiden Ufer der Dove-Elbe verbindet eine handgestakte Fähre. Die Zahl der »Seelen« soll im Reitbrook um 1820 etwa 500 betragen haben, als »Professionisten« werden vier Bäcker, sechs Wirte, vier Höker, zwei Branntweinbrenner und ein Müller genannt. Der Topograph Neddermeyer vermeldet über den Reitbrook: »Nachdem der Reitbrook schon 1724 und abermals 1750 vom Herzog von Holstein an Hamburg verpfändet worden war, wurde es 1768 (im Gottorfer Vertrag) ganz an die Stadt abgetreten.« Die Reitbrooker Mühle war übrigens das Elternhaus von Alfred Lichtwark (1852–1914), der später Direktor der Hamburger Kunsthalle geworden ist. »Unser Haus war mit blühenden Weiden geschmückt, der Garten auf das Sauberste geharkt, die Beete voll von Frühlingsblumen, Veilchen, Anemonen (Konstantinopel heißen sie, ich weiß nicht warum, in der Marsch), Narzissen und Pfeffersträucher, den letzten Schneeglöckchen und Aurikeln.« So schrieb Lichtwark 1878 an seine Schwester Marianne.

Reitbrook an der Dove-Elbe nahe Bergedorf

There are still a few old windmills left in Hamburg. One such is at Reitbrook on the Dove-Elbe near Bergedorf. A sightseeing boat on its way to Bergedorf is about to pass it. The old print made around 1820 shows how Reitbrook Mill looked in those days. A ferry links the two banks of the Dove-Elbe. Around this time, some 500 people lived in Reitbrook which became part of Hamburg in 1768. The mill was also the birth-place of Alfred Lichtwark (1852–1914) who later became Director of the Hamburg Kunsthalle. His father was a farmer and owned the mill.

Aún quedan algunos molinos de viento en Hamburgo. En la Dove-Elbe, cerca de Bergedorf, se halla el molino de Reitbrook. Delante de él un barco de circuito con rumbo a Bergedorf. Hacia 1820 vemos en el antiguo grabado la forma anterior del molino de Reitbrook. Un transbordador une las orillas de la Dove-Elbe. Por este tiempo vivían aproximadamente unas 500 personas en Reitbrook, que se unió en 1768 a Hamburgo. En el molino de Reitbrook nació Alfred Lichtwark (1852–1914), el futuro director del Museo de Arte de Hamburgo, la Kunsthalle. Su padre fue agricultor y propietario de un molino.

Il y a encore quelques moulins à Hambourg. A Dove-Elbe, près de Bergedorf, nous voyons celui de Reitbrook. Devant un bateau d'excursion se dirigeant vers Bergedorf. La vieille gravure nous montre le moulin vers 1820 dans son ancienne forme. Un bac relie des deux rives de Dove-Elbe. A cette époque cinq cents personnes environ vivaient à Reitbrook qui avait été rattaché à Hambourg en 1768. C'est dans le moulin de Reitbrook qu'est né Alfred Lichtwark (1852–1914), directeur de la Hamburger Kunsthalle. Son père était agriculteur et propriétaire de moulin.

Kupferstich von W. Jury nach Zeichnung von Anton Radl

Reitbrock bei Hamburg · Um 1818

Eine letzte Impression vom Heute und Gestern. Aus dem Flugzeug sehen wir auf den Raum Harburg-Wilhelmsburg. Unter uns die Gleisanlagen des Verschiebebahnhofs Harburg. Links, hinter der Gebäudefront der »Phoenix Aktiengesellschaft«, erstreckt sich der Stadtkern von Harburg. Sonst soweit das Auge reicht: Hafenanlagen, Raffinerien und Industriekomplexe. 1846 erscheint Harburg dagegen wie im Dornröschenschlaf. Links auf dem Hügel die Ölmühle von 1821, zur Mitte der Turm der 1652 erbauten, im Zweiten Weltkrieg zerstörten Dreifaltigkeitskirche. Was man auf dem Bild nicht sieht, ist, daß Harburg gerade 1845 begann seine Hafenanlagen zu erweitern und Industrien anzusiedeln. Der Bau der Bahnlinie nach Hannover – Harburg war nördliche Endstation – begünstigte das Aufblühen des Industrieortes. Erst nach dem Bau der Elbbrücken (1868 – 1872) konnten die Züge bis Hamburg durchfahren. 1937 wurde auch Harburg dem Großraum Hamburg einverleibt. So spannt sich der Bogen von der Vergangenheit zur Gegenwart. In den Bildern dieses Buches haben wir den ungeheuren Wandel Hamburgs erlebt, die Entwicklung vom mittelalterlich-behäbigen Gemeinwesen zur vitalen Weltstadt. Danken wir den Hamburgensien-Künstlern von einst, daß sie uns Einblicke in ihre Welt ermöglichten. Wie denken wohl unsere Nachfahren über die Hamburgfotos von heute? Tempus edax rerum – alles zernagt die Zeit!

Harburg-Wilhelmsburg aus dem Flugzeug gesehen

Freigegeben LA HH 716/76

A last impression of today and yesterday. The aerial view shows the railway at Harburg Station with much of Harburg in the background on the left. Everywhere we see industry and port installations. In 1846 Harburg was still a sleepy township. We see a train steaming on its way towards Hanover. The advent of the railway contributed greatly to industrial development in Harburg which was incorporated into Hamburg in 1937. This book shows the tremendous changes that have taken place in Hamburg and its surroundings. How will later generations view the Hamburg photos of today? Tempus edax rerum – Time wears away everything.

Una última impresión de hoy y ayer. A vista de pájaro, el tendido de la estación de Harburgo y, al fondo, a la izquierda, Harburgo. Por todos los lados instalaciones industriales y portuarias. En 1846 se halla Harburgo todavía bajo el sueño de la bella durmiente. Vemos un ferrocarril que va en dirección a Hannover. La construcción del trayecto favoreció la prosperidad del núcleo industrial, que se incorporó en 1937 a Hamburgo. En este libro hemos «vivido» el gran cambio de Hamburgo y sus alrededores. ¿Qué pensarán nuestros descendientes de estas fotos de Hamburgo de hoy? Tempus edax rerum – el tiempo lo devora todo.

Une dernière impression d'aujourd'hui et d'hier. Vues d'avion les voies ferrées de la gare d'Harbourg et Harbourg au fond à gauche. Partout des installations industrielles et portuaires. En 1846 Harbourg semble encore bien endormi. Un train à vapeur roule en direction de Hanovre. La construction de la ligne de chemin de fer favorisa l'essor de cette ville industrielle qui fut rattachée à Hambourg en 1937. Ainsi avons-nous dans ce livre assisté à l'extraordinaire transformation de Hambourg et de ses environs. Que penseront les générations futures des photos de Hambourg prises aujourd'hui? Tempus edax rerum! le temps ronge tout.

Stahlstich von E. Wagner nach Zeichnung von Carl Alexander Lill

Harburg vom Wilstorfer Berge gesehen · 1846

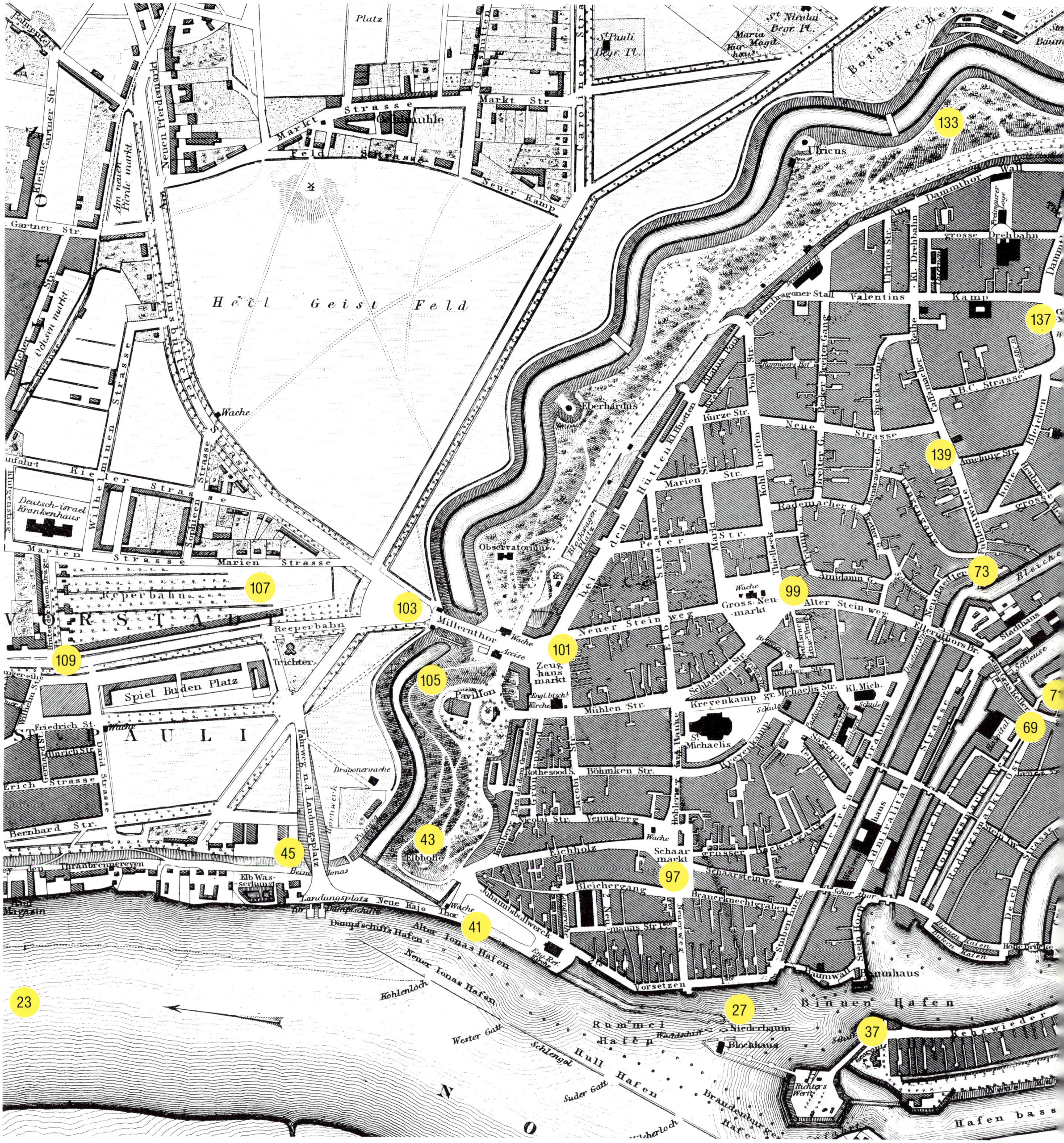
133
137
139
73
99
107
103
101
109
105
69
43
45
97
41
23
27
37
Heil Geist Feld
Botanischer
Dammthor
Wall
Valentins
Kamp
A.B.C. Strasse
Neue
Strasse
Marien
Str.
Peter
Alter Stein weg
Neuer Stein weg
Gross Neu-markt
Mühlen Str.
Krevenkamp
S. Michaelis
Böhmken Str.
Venusberg
Eichholz
Bleichergang
Schaar markt
Millernthor
Wache
Zeug haus markt
Pavillon
Elbhöhe
Observatorium
Eberhardus
Ulricus
Reeperbahn
Spiel Buden Platz
Trichter
Kieler Strasse
Marien Strasse
Deutsch-israel Krankenhaus
Wilhelminen Strasse
Friedrich St.
David Strasse
Bernhard Str.
Erich Strasse
Gartner Str.
Kleine Gartner Str.
Elb Wasserkunst
Landungsplatz
Neue Raje
Alter Jonas Hafen
Neuer Jonas Hafen
Kohlenloch
Rummel Hafen
Niederbaum
Blockhaus
Binnen Hafen
Kehrwieder
Baumwall
Baumhaus
Vorsetzen
Admiralität
Stadthaus
Ellernthors Br.
Hull Hafen
Schlengel
Wester Gatt
Suder Gatt
Brandenburger
Hafen bass
Neuer Kamp
Markt Str.
Feld
St. Pauli Begr. Pl.
St. Nicolai Begr. Pl.
Marien Magd.
Dragonerwache
Jonas
Fahrweg n.d. Landungsplatz
Kl. Mich.
Michaelis Str.
Wache
N
O

Stadtplan von Hamburg aus dem Jahre 1841.

Zur Orientierung über den Standort der alten Ansichten sind auf den Plan die Seitenzahlen der betreffenden Bilder dieses Buches eingefügt.

Map of Hamburg from 1841.

The numbers on the map refer to the pages on which the old prints appear, enabling their location to be found at a glance.

Plano de Hamburgo del año 1841.

Como orientación sobre el emplazamiento de cada una de las estampas antiguas, se han incluido en el plano los números de las páginas de este libro, en las que se encuentran las respectivas estampas.

Plan de Hambourg datant de l'année 1841

Pour permettre de repérer l'emplacement des vieilles illustrations, les numéros des pages sur lesquelles elles sont reproduites ont été inscrits dans le plan.

Verzeichnis nachweisbarer Künstler

Adler, C., Kartograph und Lithograph, geb. 1823 in Magdeburg.
Seite 183
Gründete in Hamburg 1850 ein »geographisch-lithographisches Institut«. Er führte bereits 1854 die von F. G. Sigl 1852 erfundene »Schnell-Steindruckpresse« in Hamburg ein, die eine bis dahin nicht gekannte Massenproduktion lithographischer Erzeugnisse erlaubte: einmal für die merkantile Druckerei und dann auch für die Herstellungen von Zeichenbüchern, Atlanten usw. Adler erfand auch die sogen. Rose, ein zur Rose gefalteter Papierbogen mit Miniatur-Ansichten von Hamburg. Die Firma besteht noch heute.

Batty, Robert, Lieutenant-Colonel, F. R. S., Aquarellmaler, Zeichner und Radierer, geb. 1789, gest. 20. 11. 1848 in London.
Seite 99
Studierte in Cambridge Medizin, wurde Berufssoldat und kämpfte in Spanien und bei Waterloo. Die Eindrücke dieser Feldzüge gab er in einer Reihe von Radierungen heraus. Er malte Aquarellansichten von Spanien und Portugal. In den 20er und 30er Jahren des vorigen Jahrhunderts ließ er eine Menge Ansichten aus verschiedenen Ländern Europas nach seinen Zeichnungen stechen. Auf einer Reise vom 1. bis 25. August 1825 durch das Königreich Hannover fertigte er 53 Bleistiftzeichnungen an, die heute im Historischen Museum in Hannover bewahrt werden.

Beer, Carl Friedrich Emil, Zeichner und Lithograph, geb. 23. 5. 1814 in Frankfurt/Main, gest. in Brooklyn.
Seite 39, 123, 129
Kam 1842 nach Hamburg, wo er sich niederließ und 1843 Bürger wurde. Er hat gelegentlich in der Steindruckerei von Charles Fuchs gearbeitet, machte sich dann als Steindrucker selbständig und wanderte später nach Nordamerika aus. Er fertigte u. a. eine Anzahl Brandbilder von Hamburg.

Bruck, Albrecht, Maler, Radierer und Kupferstecher, geb. 14. 1. 1874 in Lauban, gest. 1967 in Teltow.
Seite 67
Er lernte zuerst vier Jahre den kartographischen Kupferstich. Dann Besuch der Berliner Akademie. Nach 1900 studierte er an der Dresdner Akademie, deren Leiter, Eugen Bracht, sich seiner besonders annahm und zusammen mit ihm Studienreisen unternahm. Er befaßte sich in der Folge mit Radierungen von Städtebildern.

Ekvall, Knut, Maler und Zeichner, geb. 3. 4. 1843 in Säby, gest. 16. 4. 1912 bei Jönköping.
Seite 57
Studierte 1860/66 an der Stockholmer Akademie, arbeitete dann vier Jahre als Metallgraveur, Holzschneider und Zeichner. Seit 1870 widmete er sich der Illustration. Bis 1875 war er als Illustrator in München und Leipzig tätig: für die Illustrirte Zeitung, Über Land und Meer, Gartenlaube. Er siedelte dann um nach Berlin, wo er bis 1885 blieb. Er lieferte dort viele Illustrationen für die Berliner Modenwelt. Nach seiner Rückkehr in die schwedische Heimat malte er Stimmungslandschaften.

Förster, Christian, Maler, Graphiker und Illustrator, geb. Oktober 1825, gest. 6. 8. 1902 in Hamburg.
Seite 177
Schuf in der zweiten Hälfte des 19. Jahrhunderts unzählige Holzstiche, besonders vom Hamburger Volksleben. Er arbeitete Jahrzehnte für die Hamburger Zeitung »Die Reform«, daher sein Beiname Reformförster. Er lieferte Holzstiche auch für andere deutsche Zeitungen, wie »Omnibus«, »Die Gartenlaube« usw.

Gray, James, Stahlstecher und Zeichner aus England, getauft 19. 9. 1813 in Warsash.
Seite 15, 71, 79, 93, 161
Er scheint bis 1842 Teilhaber oder maßgeblicher Mitarbeiter bei A. H. Payne in Leipzig gewesen zu sein. In G. v. Heeringens »Wanderungen durch Franken« – erschienen um 1840 in der Reihe von Wigands Werk »Das malerische und romantische Deuschland« – finden sich acht Stahlstiche mit der Bezeichnung »gest. v. Payne & Gray«, manchmal mit dem Zusatz »in Leipzig«. Von ca 1842 an hat sich Gray in Hamburg aufgehalten, wo er für den Verleger B. S. Berendsohn eine Reihe von Stahlstichen (teils nach eigenen Zeichnungen) zu dem Werk »Hamburg und seine Umgebungen« lieferte, das in Lieferungen von 1842 bis 1848 erschien. Er stach für Berendsohn auch großformatige Hamburg-Ansichten als Einzelblätter.

Hardorff, Hermann Rudolf, Marinemaler, geb. 8. 3. 1816 in Hamburg, gest. 4. 10. 1907 in Hamburg.
Seite 27
Sohn von Gerdt Hardorff d. Ä. Lernte bei seinem Vater. Reisen nach Holland, England und Schottland. 1839 Reise an die Ostsee. Malte Hafen- und Schiffsbilder, bevorzugte Naturstudien wie Sonnenauf- und untergänge, Stürme usw. Er war 1840 auf einer Gemälde-Ausstellung in Hamburg mit einem Aquarell »Das Blockhaus im Hamburger Hafen« vertreten: wahrscheinlich der Vorlage zu Eduard Ritters Lithographie auf Seite 27 dieses Buches.

Heuer, Christian Ludwig Wilhelm, Maler, Radierer, Lithograph, geb. 6. 11. 1813 in Hamburg, gest. 15. 4. 1890 in Hamburg.
Seite 21, 33, 35, 43, 73, 87, 97, 103, 107, 111, 117, 119, 145, 153, 155, 159, 163, 165, 171, 175, 179
Schüler der Brüder Christoffer, Cornelius und Peter Suhr. Anschließend Studium in Dresden und Wien. Dort Heirat und mehrere Reisen in Österreich. 1842, nach dem Brande vom Mai, zurück nach Hamburg. Von da an bis zu seinem Lebensende lithographierte er, zumeist nach eigenen Zeichnungen, Ansichtenfolgen verschiedener Formate von Hamburg und seiner Umgebung, aber auch Bilder von Mecklenburg, von London etc. Er gilt mit Recht als der produktivste Hamburgensien-Lithograph des 19. Jahrhunderts. Besonders in den Darstellungen der Naturlandschaft in Hamburgs naher und weiterer Umgebung hat er ungemein feinfühlig lithographierte Motive festgehalten. In privaten Händen und in Museumsbesitz sind auch vorzügliche Ölbilder und Aquarelle von Schleswig-Holstein und Niedersachsen zu finden. Als Spätwerk gab er in seinem letzten Lebensjahrzehnt sogen. Autographien nach Zeichnungen von Ebba Tesdorpf (siehe dort) u. a. in wenigen Exemplaren heraus, die heute sehr gesucht sind.

Higham, Thomas, englischer Kupfer- und Stahlstecher, geb. 1796, gest. 1844.
Seite 99
Stellte 1822 bis 1834 in der Londoner Society of British Artists aus und arbeitete für den Verlag der Brüder Finden. Er stach Platten nach J. D. Harding, S. Prout und Robert Batty.

Hogenberg, Franz, Maler, Kupferstecher und Verleger, geb. vor 1540 in Mecheln, gest. ca. 1590 in Köln.
Seite 9
Lernte wahrscheinlich in Mecheln bei dem Kartenmacher Hendrik Terbruggen. Stach Landkarten für den 1570 erschienenen Atlas von Ortelius »Theatrum orbis terrarum«. Er flüchtete vor Herzog Alba aus den Niederlanden nach Köln, wo er 1570 nachweisbar ist. 1585 erscheint er in Hamburg unter den Niederländern, die in den sogen. Fremdenkontrakt aufgenommen wurden. 1588 in Dänemark und im gleichen Jahr nochmals in Hamburg, wo er im Katharinenkirchspiel gewohnt hat. Hier dürfte er bei seinem Aufenthalt die Zeichnung Hamburgs aus der Vogelschau angefertigt haben, die dann 1589 gestochen und publiziert wurde: in dem Städtewerk »Civitatis orbis terrarum«, das Georg Braun und Franz Hogenberg seit 1572 herausgaben. Hogenberg stach auch Karikaturen, Allegorien und Porträts.

Jenny, Heinrich, Historien- und Porträtmaler und Illustrator, geb. 2. 7. 1824 in Langenbruck (Baselland), gest. 13. 8. 1891 in Solothurn.
Seite 47
Nach einer Gärtnerlehre wurde er Entwurfszeichner in einer Baseler Seidenbandfabrik und war dann noch in verschiedenen Berufen tätig. Seit 1843 durchstreifte er die Schweiz als »Wanderporträtist« (Aquarell und Öl). Er versuchte sich mit Erfolg auch als Federzeichner und fand Beschäftigung als Illustrator von Kalendern und Geschichtswerken. Er ging 1865 nach Deutschland, hielt sich in Berlin auf, ab 1868 in Leipzig und kam 1877 nach Hamburg, wo er u. a. die Vorlage für den Holzstich auf Seite 47 dieses Buches schuf. Er war dann noch in Wandsbek und Eßlingen. Den Feldzug 1866 machte er als Schlachtenmaler mit. 1878 wurde er als Zeichenlehrer an die Kantonsschule in Solothurn berufen.

Jury, Wilhelm, Maler und Kupferstecher, geb. 13. 5. 1763 in Berlin, gest. 21. 6. 1829 in Berlin.
Seite 185
Wurde 1779 Schüler der Berliner Akademie und bald darauf Lehrling der dortigen Porzellanmanufaktur. Lernte 1788 bei dem Kupferstecher D. Berger. Er widmete sich künftig der Buchillustration. Man nannte ihn einen Modekünstler, der zahllose Bücherkupfer geschaffen hat, besonders zur Illustration von Romanen.

Kähler, F. W.
Seite 53
Gründete 1863 in Hamburg ein lithographisches Institut, das sich auf Plakatdruckerei für die Hamburger Reedereien spezialisierte. Gab einige Hamburgensien im Großformat heraus: Hamburg aus der Vogelschau, Hamburg vor dem Zollanschluß und Hamburgs Hafen.

Kanning, David Martin, Lithograph, geb. 31. 5. 1806 in Hamburg, Freitod 17. 10. 1884 in Hamburg.
Seite 173
Eigentümer eines 1844 gegründeten Verlages und Lithographischen Institutes. Er war in Hamburg der größte Produzent von Briefbogen mit Hamburgensien. Außer großformatigen Hamburgensien für den Wandschmuck hat er als weitere Spezialität bunte Ausschneidebogen für Kinder in riesiger Auswahl hergestellt. Die Zahl seiner Hamburgensien-Briefbogen geht in die Hunderte. Im Jahre 1878

überließ Kanning sein Geschäft dem Verlag J. F. Richter, der u. a. die Hamburger Zeitung »Die Reform« herausgab. Bis zu seinem Freitod hat Kanning für Richter Briefköpfe lithographiert.

Koppmann, Georg Adolph Emil, Fotograf, geb. 15. 7. 1842 in Hamburg, gest. 4. 7. 1909 in Hamburg
Seite 31
Eröffnete am 1. Oktober 1865 am Neuen Wall 38 sein erstes Fotoatelier und firmierte ab 1866 um in G. Koppmann & Comp. Er begann neben der Porträtfotografie sich besonders mit Landschafts- und Architekturfotografie zu beschäftigen. Er fotografierte zuerst in Braunschweig, dann in Hildesheim, Hannover, Erfurt, Eisenach und Leipzig. Nach 1872 bekam er von der Hamburgischen Baudeputation den Auftrag, die historisch interessanten Häuser, Straßen, Plätze und Fleete der Stadt aufzunehmen, die der Hafenerweiterung und Sanierung geopfert werden sollten. Über zehntausend Aufnahmen sollen über Jahre vom alten Hamburg entstanden sein. Die Schärfe der Fotos ist verständlich, wenn man weiß, daß Koppmann mit Platten von 30 x 40 cm gearbeitet hat.

Laeisz, Carl Martin, Dekorationsmaler und Aquarellist, geb. 23. 6. 1803 in Hamburg, gest. 21. 5. 1864 in Hamburg.
Seite 15
Bruder des Hamburger Reeders Ferdinand Laeisz. Er lernte bei dem Altonaer Malermeister Gustav Staack (dessen Pflegetochter Dorette Röttger er 1836 heiratete), seine weitere Ausbildung nimmt er 1824/26 an der Berliner Akademie unter J. G. Schadow und Erdmann Hummel, studiert sodann bis 1828 die Gouachemalerei bei Joh. Ludw. Bleuler in Schaffhausen und hält sich vom Mai 1828 bis Juni 1829 in Paris erstmalig auf. Nach Hamburg zurückgekehrt, arbeitet er noch zwei Jahre als Malergeselle bis er, Meister geworden, 1832 eine eigene Werkstatt aufmacht, von der er sich handwerklich früh zurückzog und nur noch die künstlerische und kaufmännische Leitung innehatte. Er zeichnete sich als besonders eifriges Mitglied des hamburgischen Künstlervereins aus. Seine erste Schaffensperiode wird bestimmt von der Gouachemalerei mit ausländischen, namentlich italienischen und alpinen Motiven, später wendet er sich der Aquarellkunst zu mit heimatlichen Motiven aus Hamburg (besonders alte Kaufmannsstraßen), Holstein, Harz und Helgoland. James Gray hat nach seinen Sepiazeichnungen viele Stahlstiche gearbeitet, meist für die von B. S. Berendsohn herausgegebenen Stahlstichwerke wie »Hamburg und seine Umgebungen« 1842/1848, »Das neue Hamburg« 1852 und »Hamburg in seiner gegenwärtigen Gestalt« 1855.

Leutemann, Heinrich, Illustrator, Maler und Schriftsteller, geb. 8. 10. 1824 in Großzschocher bei Leipzig, gest. 14. 12. 1905 in Wittgensdorf bei Chemnitz.
Seite 167
Studierte 1838/46 an der Leipziger Akademie, besonders bei B. v. Neher. Seit 1850 tätig als Illustrator in Leipzig für die Gartenlaube, Illustrierte Zeitung, Über Land und Meer, Münchner Bilderbogen. Trat besonders als Darsteller von Menschen und Tieren hervor. Er erblindete 1895.

Liebe, Gottlob August, Kupferstecher, geb. 23. 10. 1746 in Halle/Saale, gest. 31. 5. 1819 in Halle/Saale.
Seite 59
Sohn des Kupferstechers Christian Gottlob Liebe. Schüler von A. F. Oeser in Leipzig. 1760 als Universitätskupferstecher Bürger der Universität Halle. Beide, Sohn und Vater, stachen Porträts, besonders im Auftrage von Buchhändlern. Der Sohn stach auch Figurendarstellungen und Landschaften.

Lill, Carl Alexander, Maler und Lithograph, geb. 2. 4. 1807 in Frankfurt/Main, gest. 22. 3. 1879 in Frankfurt/Main.
Seite 101, 125, 187
Hatte sich seit 1825 am Städelschen Institut in seiner Heimatstadt ausgebildet. Um 1830 ließ er sich in Hamburg nieder, wo er für die Verlage Hoffmann & Campe, B. S. Berendsohn und von ca. 1844 bis 1848 für die Steindruckerei Peter Suhrs tätig war. Er lieferte auch 29 Zeichnungen für die Stahlstiche des G. G. Lange Verlages zum Werk »Original-Ansichten der historisch merkwürdigsten Staedte Deutschlands«, von denen mehrere von B. S. Berendsohn für »Hamburg und seine Umgebungen« übernommen wurden. Nach 1848 kehrte er nach Frankfurt zurück, wo er am städt. Baubüro eine Anstellung als Zeichner fand. Nebenbei gab er im Eigenverlag noch einige Frankfurter Ansichten heraus.

Mertens, Louis, Genre- und Landschaftsmaler in Berlin.
Seite 161
Schüler der Berliner Akademie, in deren Ausstellungen er 1836 bis 1842 vertreten ist.

Morgenstern, Christian Ernst Bernhard, Maler, Radierer und Lithograph, geb. 29. 9. 1805 in Hamburg, gest. 26. 2. 1867 in München.
Seite 143
Sohn des Porträtmalers Joh. Heinrich Morgenstern. Lernte bei den Gebrüdern Suhr und begleitete Cornelius Suhr auf dessen Reisen mit den Panoramen durch Europa. Das Bild auf Seite 143 dieses Buches gehört zu den wenigen Blättern, die er für die Gebrüder Suhr lithographierte. Er wollte sich vom harten Dienst bei den Suhrs trennen und mußte sich an den Hamburger Senat wenden, damit sein Lehrverhältnis mit den Suhrs aufgehoben werden konnte. Er trat dann in Bendixens Malschule in Hamburg ein, unter Bendixens Leitung entwickelte er sich rasch, ebenso wie Vollmer (siehe dort), weit über das Können seines Meisters hinaus. 1827 erste Studienreise nach Norwegen. Winter 1827/28 in Kopenhagen. Ende 1828 nach Hamburg zurück, 1829 in den Harz und nach München. Dort Besuch der Akademie. Lebte dann nur noch vorübergehend in Hamburg, meist in München. Am 11. 1. 1840 wurde er Mitglied des Hamburger Künstlervereins, um sich am 9. 5. des gleichen Jahres in Hamburg zu verabschieden. In seiner weiteren Entwicklung zählt er zur Münchner Schule.

Müller, Karl Josef, Maler und Lithograph, geb. 19. 1. 1865 in Hamburg, ermordet 29. 10. 1942 im Konzentrationslager Theresienstadt.
Seite 157
Besuch der Stiftungsschule (gegründet 1815). Studium an der Kunstgewerbeschule in Dresden. 1886/87 Schüler von Prof. Donadini, 1888 von Prof. Hanke an der Akademie in Berlin. Reisen nach Skandinavien. Landschafts- und Aktbilder. Genreszenen und Porträts.

Nestler & Melle
Seite 147
Lithographische Anstalt in Hamburg, gegründet 1836. (Nach E. Zimmermann, Geschichte der Lithographie in Hamburg.)

Oesterley, Carl August Heinrich Ferdinand, Landschaftsmaler, Professor, geb. 23. 1. 1839 in Göttingen, gest. 16. 12. 1930 in Blankenese bei Altona.
Seite 61, 113
Sohn und Schüler des Malers und Kunstgelehrten Carl W. F. Oesterley. Er bildete sich ab 1857 weiter bei Bendemann und Deger in Düsseldorf. Er wandte sich der Landschaftsmalerei zu. Wiederholte Studienreisen nach Norwegen, dessen Fjordlandschaften seine bevorzugten Motive wurden. Die Museen in Lübeck und Breslau sowie die Kunsthalle Hamburg kauften seine Ölgemälde, ebenso der Kunst-Verein Hamburg. Auf den Ausstellungen des Vereines war er häufig mit Gemälden vertreten, auch regelmäßig bei Louis Bock & Sohn.

Poppel, Johann Gabriel Friedrich, Stahl- und Kupferstecher, Architekturzeichner und Landschaftsmaler, geb. 14. 5. 1807 in Hammer bei Nürnberg, gest. 6. 8. 1882 in Ammerland (Starnberger See).
Seite 125
Schüler von Fr. Geißler in Nürnberg. Eignete sich 1829 bei Carl Ludwig Frommel in Karlsruhe die neue Technik des Stahlstichs an, arbeitete 1832 in London bei W. Tombleson, 1833 wieder in Karlsruhe und dann 1834 in Nürnberg. 1838 wurde er seßhaft in München. Arbeitete für die damals führenden deutschen Ansichten-Verlage: wie G. G. Lange, Darmstadt, Georg Franz, München, B. S. Berendsohn, Hamburg, u. a. Er nahm um 1845 G. M. Kurz als Mitarbeiter in sein Stahlstich-Atelier auf. Er gab dann auch im Eigenverlag Ansichtenserien über deutsche und europäische Städte heraus. Viele Ansichten sind mit der Signatur »Poppel u. Kurz sc.« erschienen. Oft stach Poppel nach eigenen Zeichnungen.

Radl, Anton, Landschafts- und Genremaler und Kupferstecher, geb. 15. 4. 1774 in Wien, gest. 4. 3. 1852 in Frankfurt/Main.
Seite 37, 185
Schüler der Wiener Akademie. Lernte seit 1794 bei Joh. Gottl. Prestel in Frankfurt den Kupferstich, die Radierung und Gouachemalerei. Er wurde in Frankfurt ansässig, malte auf Studienreisen durch Deutschland stimmungsvolle Bilder und lieferte u. a. dem Frankfurter Verlag Fr. Wilmans die Bildvorlagen zu den Kupferstichen der vier Ansichtenwerke über Frankfurt/Main, Hamburg, Lübeck und Bremen, erschienen von 1818 bis 1824. Dem Hamburgband (Hübbe/Plath, Ansichten der Freien Hansestadt Hamburg. . . 1824/28) wurden die beiden Bilder in diesem Buch entnommen.

Ritter, Eduard, Lithograph und Radierer, geb. 20. 1. 1820 in Hamburg, gest. 3. 9. 1892 in Hamburg.
Seite 27
Nahm ersten Unterricht bei Faber in der Patriotischen Schule, ging dann zur weiteren Bildung in die lithogr. Anstalt von Otto Speckter. War 1842/44 als Lithograph in Stockholm tätig. Erwarb 1852 das Hamburger Bürgerrecht, übernahm die Specktersche Anstalt und wandte sich besonders kalligraphischen Arbeiten zu. Die Firma wurde nach seinem Tod vom Sohn Eduard weitergeführt.

Ruths, Valentin, Landschafts-, Marine- und Vedutenmaler und Lithograph, geb. 6. 3. 1825 in Hamburg, gest. 17. 1. 1905 in Hamburg.
Seite 45, 123, 151
Nach seiner Kaufmannslehre bildete er sich bei Carl Friedrich Beer (siehe dort) in Hamburg zum Lithographen aus. Ging 1846 zur Münchner Akademie und kam nach dem Ausbruch der Revolution 1848 nach Hamburg zurück. Bestritt seinen Lebensunterhalt durch Malen und Zeichnen Hamburger Ansichten. Ging 1850 zu J. W. Schirmer nach Düsseldorf und hielt sich 1855/57 in Rom auf, wo er aber keine tieferen Eindrücke empfangen hat. Seit 1857 dauernd in Hamburg ansässig. Er gehört zu den Pionieren der deutschen Landschaftsmalerei, die vom Romantismus wegführte zur ungegenständlichen Stimmungskunst der Licht- und Luftmalerei.

Schildt, Carl, Maler, geb. 5. 12. 1851 in Elmshorn, gest. 1. 3. 1920 in Hamburg.
Seite 49, 51, 55
Schüler von F. T. Grosse an der Akademie in Dresden und an der Berliner Akademie bei K. Gussow. Er bevorzugte Themen aus dem Hamburger Alltagsleben. Lieferte die 15 Lithographien zu der 1885 erschienenen Mappe »An de Woterkant« und die Zeichnungen für die 12 Lichtdrucke der Mappe »Holsteinisches Bauernleben« von 1894. Von ihm stammen auch viele Zeichnungen von Hamburg, die in Zeitschriften als Holzstiche erschienen. Manche Federzeichnungen, die er aquarellierte, blieben auch unveröffentlicht und sind in Sammlungen heute noch auffindbar.

Schöpel, Julius, Lithograph und Zeichenlehrer, geb. 8. 4. 1823 in Eppendorf bei Hamburg, gest. 28. 5. 1902 in Hamburg
Seite 6/7
War anfangs als »Privatlithograph« in Hamburg tätig: sozusagen als freier Mitarbeiter für mehrere Steindruckereien. Hat nur wenige Hamburgensien angefertigt. War 26 Jahre als Zeichenlehrer an der Allgemeinen Gewerbeschule in Hamburg tätig.

Schwindrazheim, Oscar, Maler und Kunstgewerbler, geb. 16. 4. 1865 in Hamburg, gest. 22. 4. 1952 in Hamburg.
Seite 181
Besuchte die höhere Bürgerschule, dann die Gewerbeschule in Hamburg. Hielt sich 1887/88 in München auf und besuchte dort die Kunstgewerbeschule. Er machte selbständig Naturstudien für kunstgewerbliche Zwecke, besonders ausgedehnte Wanderstudien in deutschen Landschaften, darunter auch in den Vierlanden und an der Niederelbe. Er hat sich besonders bemüht, Anregungen für ein neues volkstümliches Kunstgewerbe auf der Grundlage alter Volks- und Heimatkunst und der Natur zu geben. Seit 1895 richtete er ein Schüleratelier ein. Auch als Kunstschriftsteller trat er hervor: er ist u. a. Verfasser des Buches »Hamburg, Schilderungen unserer Heimat in Wort und Bild«, Verlag F. Dörling. Er hat eine Reihe von Zeichnungen von Hamburg und der Umgebung hinterlassen.

Sohnemann, Albert Friedrich, Lithograph, Kolorist und Gemälderestaurator, geb. 1. 5. 1870 in Hamburg, gest. 10. 1. 1955 in Hamburg.
Seite 61
Lernte 1888/91 in der Lithographischen Anstalt Pollock in Hamburg. Bis 1892 bei der Steindruckerei Schultz in Prenzlau tätig. Kehrte nach Hamburg zurück und machte sich als Kolorist selbständig. Er kolorierte für die Commetersche Kunsthandlung lithographische Reproduktionen nach Heidebildern von de Bruycker. Hieraus entwickelte sich eine langjährige Tätigkeit als Kolorist. Er kam dem »Altkolorit« der Blätter der Gebrüder Suhr, Wilhelm Heuers, Kannings künstlerisch sehr nahe. Er kolorierte Tausende von Hamburgensien für Commeter, Hamburgensien-Meyer und Dörling. Seine Frau Hermine, geb. Schramm, und seine beiden Söhne, die noch als Kunstmaler und Buchhändler in Hamburg leben (1982), kennen ihn ständig an der Staffelei arbeitend. (Mitgeteilt von Kurt Sohnemann, Hamburg.)

Speckter, Otto, Maler, Radierer, Lithograph, geb. 9. 11. 1807 in Hamburg, gest. 29. 4. 1871 in Hamburg.
Seite 17
Sohn des Lithographen Johann Michael Speckter in Hamburg, Besitzer einer Lithographie-Anstalt. Bruder des Malers u. Lithographen Erwin Speckter: Vater des Malers Hans Speckter. War zunächst in der Werkstatt seines Vaters beschäftigt, die er 1834 übernahm. Schüler von Hardorff, Bottomley, Hermann Kauffmann und der Bruder Gensler. Zeichnete weit über 1000 Bildnisse von hoher künstlerischer Qualität auf Stein. Reiste mit Erwin S. nach Schleswig-Holstein: später nach Kopenhagen, Dresden, Prag, Berlin und England. Bevorzugte Tiermotive und Porträtaufträge, wurde durch Buchillustrationen sehr bekannt, z. B. »Der gestiefelte Kater«; fertigte auch Gebrauchsgraphik (Glückwunschkarten, Tanz- und Tischkarten, Dankesurkunden etc.) an, auch Ansichten von Hamburg. Bevorzugte Lithographie, Holzschnitt, Radierung und Stahlstich. Seit 1852, nach dem Verkauf der lithographischen Anstalt an Eduard Ritter (siehe dort), beschäftigte er sich mit Ölmalerei.

Suhr, Peter, Maler, Lithograph und Verleger, geb. 20. 9. 1788 in Hamburg, gest. 20. 9. 1857 in Hamburg.
Seite 11, 13, 19, 23, 25, 29, 41, 63, 65, 69, 77, 81, 83, 89, 91, 101, 105, 109, 115, 121, 127, 131, 133, 135, 141, 169
Er war zunächst als Kaufmann tätig. Spätestens 1819 wird er Mitunternehmer am Panoramen-Geschäft seiner älteren Brüder Christoffer und Cornelius sowie Partner der »Spielkartenfabrik und Kupferdruckerey« C. C. P. Suhr (= Christoffer, Cornelius, Peter Suhr). Während Cornelius sich immer mehr auf Reisen mit den Panoramen befand, half Peter seinem Bruder Christoffer bei der Panoramen-Ausstellung in Hamburg und baute nebenbei seine Steindrukkerei auf, die er legal nach dem Erlöschen des Speckterschen Steindruck-Privilegs ab 1. Januar 1828 betreiben konnte. Als eine der frühesten Lithographien der Firma C. C. P. Suhr war 1823 das »Panorama einer Reise von Hamburg nach Altona und zurück« erschienen, bereits 1827 folgten lithographische Hamburg-Ansichten der Brüder Cornelius und Peter. 1829 beginnen sie mit der Herausgabe von Ansichten im Folio- und Oktav-Format. Ab 1830 hat Peter Suhr die Steindruckerei unter eigener Regie und gibt ab 1838 lieferungsweise das Werk »Hamburg's Vergangenheit in bildlichen Darstellungen« im Folioformat heraus, dessen Hamburg-Ansichten den Weg in alle Welt finden. Nach dem Tode seines Bruders Christoffers (13. 5. 1842) führt er, außer seiner Steindruckerei, auch die Panoramen-Austellung in Hamburg weiter.

Tesdorpf, Ebba, Malerin und Graphikerin, geb. 23. 1. 1851 in Hamburg, gest. 22. 2. 1920 in Ahrweiler.
Seite 73, 107
Begann als Autodidaktin und nahm später Zeichenunterricht bei Johann Theobald Riefesell in Hamburg. 1898/99 weitere Ausbildung in Düsseldorf. Sie hat in unermüdlicher Arbeit das sterbende Alt-Hamburg in fein empfundenen Bleistiftzeichnungen für die Nachwelt festgehalten. Sie schenkte 1894 ihr zeichnerisches Werk, zusammen mit einer Hamburgensien-Sammlung, dem Museum für Kunst und Gewerbe in Hamburg. Wilhelm Heuer hat eine Reihe ihrer Zeichnungen ab 1880 in Autographien umgesetzt.

Vollmer, Adolph Friedrich, Maler, geb. 17. 12. 1806 in Hamburg, gest. 12. 2. 1875 in Hamburg.
Seite 75
Schüler und Mitarbeiter von Christoffer Suhr, F. Rosenberg (Altona). 1831/33 bei Eckersberg (Kopenhagen). Von 1833 bis 1839 in München tätig. Reisen nach Italien, Frankreich, Holland, Schleswig-Holstein, Oberbayern, an den Bodensee und ins Salzkammergut. Mitglied des Hamburger Künstlervereins. Seit 1860 erblindet. Bevorzugte Motive waren Landschaften (Ansichten der Gegend um Hamburg), Schiffe auf Elbe und Nordsee.

Vos, Jan Willem, Lithograph, geb. 1803 in Den Haag, gest. 1833 in Amsterdam.
Seite 95, 149
In seinem nur kurzen Künstlerleben hinterließ der Holländer nur wenige Proben seines Könnens. Er schuf die acht Blätter der kleinen lithographischen Folge »Neue Ansichten von Hamburg«, von denen zwei in diesem Buch veröffentlicht sind.

Wulff, Wilhelm Friedrich, Landschafts- und Marinemaler und Lithograph, geb. 23. 2. 1808 in Hamburg, gest. 18. 11. 1882 in Hamburg.
Seite 71
Schüler von Siegfried Bendixen, weiter ausgebildet 1829/32 in München. Tätig in Hamburg. Arbeitete einige Zeit in der Steindruckerei von Charles Fuchs und wird 1852 Zeichenlehrer am Waisenhaus. Er lithographierte Porträts, Bilder vom Großen Brand und nach eigener Zeichnung eine Ansicht von Helgoland.

Zacharias, Marie, geb. Langhans, Sammlerin und Kunstdilettantin, geb. 11. 11. 1828 in Hamburg, gest. 13. 2. 1907 in Hamburg.
Seite 85
Sie war in reichem Maße mit Talenten und Geistesgaben gesegnet. Als Malerin hinterließ sie der Nachwelt viele Bilder vom Hamburg ihrer Zeit, als Schriftstellerin war sie ebenfalls sehr fruchtbar. Sie war Präsidentin der von ihr gegründeten »Gesellschaft Hamburgischer Kunstfreunde«, sie verfaßte für deren »Jahrbücher« zahlreiche selbst illustrierte Beiträge. Man kann bei ihr durchaus von einer künstlerischen Verwandtschaft mit ihrem Lehrer Theobald Riefesell und der Mitschülerin Ebba Tesdorpf (siehe dort) sprechen.